La Politique culturelle, enjeu du XXIe siècle

Guillaume Cerutti

La Politique culturelle, enjeu du XXIe siècle

Vingt propositions

Odile Jacob

15, rue Soufflot, 75005 Paris

www.odilejacob.fr

ISBN : 978-2-7381-3469-1

AVANT-PROPOS

Un enjeu majeur pour aujourd'hui et pour demain

La France dispose d'une richesse artistique et culturelle exceptionnelle. Elle la doit d'abord à son patrimoine, l'un des plus denses et fastueux au monde avec plusieurs dizaines de milliers de monuments classés et de nombreux musées parmi les plus prestigieux, ainsi qu'à la place singulière que sa langue, ses auteurs et ses penseurs occupent dans l'histoire de l'humanité. Elle la doit également à la vitalité de sa création contemporaine, dans les domaines des arts plastiques, de l'architecture, du spectacle vivant et du cinéma, favorisée par l'existence d'un réseau d'équipements culturels très étoffé, par un système de formations spécialisées de qualité, par les manifestations artistiques et les festivals qui irriguent son territoire, et par des modes de financement adaptés.

Ainsi, en cette période où la France doute d'elle-même, renvoyée à son statut de puissance économique moyenne et menacée par un environnement international instable, la culture reste un point d'ancrage et un atout.

Un point d'ancrage de notre identité collective, forgé par une histoire et un patrimoine communs. Un atout valorisant pour l'image et le prestige de la France dans le monde.

C'est pourquoi, aujourd'hui plus que jamais, la politique conduite dans le domaine de la culture et des arts revêt une importance majeure.

La forme moderne de cette politique a été façonnée par André Malraux avec la création en 1959 d'un ministère chargé des Affaires culturelles et la définition de ses grands objectifs : rendre accessibles les œuvres capitales de l'humanité au plus grand nombre de Français, assurer la plus vaste audience à notre patrimoine culturel, favoriser la création des œuvres d'art et de l'esprit.

Depuis près de soixante ans, cette politique a enregistré des succès incontestables. Mais elle est aussi en butte à des échecs ou à des reculs préoccupants.

L'ouverture de la culture au plus grand nombre, cette démocratisation culturelle systématiquement érigée au rang d'objectif majeur par chaque nouvel arrivant rue de Valois, reste encore à accomplir alors que les pratiques ont depuis une vingtaine d'années été bouleversées par la généralisation d'Internet. Le rayonnement de la culture et de la création françaises à l'étranger est en déclin, concomitamment au recul du statut de notre langue dans le monde et à l'essor d'industries culturelles à dominante anglo-saxonne. Plus généralement, la place de la culture dans le discours politique a régressé : centrale aux époques d'André Malraux et de Jack Lang, elle a progressivement été reléguée au second rang, ce que révèlent notamment la perte de prestige du ministère de la Culture et l'instabilité chronique au poste de ministre depuis une vingtaine d'années.

Ces échecs proviennent à titre principal d'une même cause : alors que le monde a profondément changé, les objectifs, les structures et les instruments de la politique culturelle ont continué de reposer sur des schémas anciens, en grande partie dépassés.

L'objectif du présent recueil est de proposer quelques pistes pour les renouveler. Il est le fruit de mon expérience professionnelle, qui m'a conduit à travailler dans l'administration culturelle, notamment comme directeur général du centre Georges-Pompidou, puis à côtoyer la sphère politique, en tant que directeur de cabinet d'un ministre de la Culture et de la Communication, enfin à diriger une entreprise privée spécialisée dans la vente d'œuvres et d'objets d'art. Durant ces vingt années, je n'ai cessé d'observer, de m'interroger, d'agir dans ce domaine qui me passionne, la politique culturelle.

Conçu sous la forme d'un abécédaire, cet ouvrage ne prétend pas à l'exhaustivité, mais il traite de la plupart des grands sujets de la politique culturelle, élargie à l'audiovisuel et à Internet.

Pour chacun des thèmes abordés, je me suis efforcé de livrer un constat objectif de la situation, en brossant le tableau des réussites et des échecs.

J'ai surtout eu à cœur de fournir des propositions opérationnelles, persuadé que la mise en place d'une politique culturelle forte et rénovée est pour la France un des grands enjeux politiques de ce début de XXIe siècle.

ARCHITECTURE

Recréer l'envie

L'inauguration de la nouvelle canopée des Halles à Paris, en avril dernier, a été une grande déception, mais pas vraiment une surprise si on se remémore les conditions dans lesquelles le choix de ce projet s'était déroulé. Parmi les quatre équipes d'architectes finalistes retenues lors du concours pour le quartier des Halles en 2004, ce fut l'équipe porteuse de la proposition la plus académique, celle qui convenait le mieux aux intérêts du gestionnaire commercial et créait le moins de remous parmi les associations de riverains, qui fut retenue par la municipalité, au détriment d'autres démarches, notamment celle, aussi radicale que brillante, de l'architecte hollandais Rem Koolhaas. C'est sur cette base que se développa ensuite la réalisation de la canopée, jusqu'au triste résultat qui nous est à présent donné à voir au cœur même de Paris, là où devrait au contraire s'exprimer avec éclat l'ambition urbanistique et architecturale de la capitale et, au-delà, du pays tout entier. Dans une ville où le poids et la richesse du bâti historique contraignent toute décision, les initiateurs du projet n'auraient jamais dû laisser passer une occasion aussi rare de donner sa chance à une architecture contemporaine d'exception, et de conjurer ainsi la malédiction qui semble frapper les anciennes Halles depuis la destruction des pavillons Baltard il y a plus de quarante ans. Cette occasion de réinventer les Halles a été magistralement manquée.

La banalité du nouvel aménagement est d'autant plus frappante que son inauguration est intervenue au moment précis où les pouvoirs publics s'interrogeaient sur les moyens d'améliorer la place et la qualité de l'architecture dans la cité.

Un rapport du député Patrick Bloche, rendu à l'automne 2014, avait bien cerné les difficultés de l'architecture contemporaine en France. Contrairement à d'autres grands pays, la plupart des constructions privées, en particulier individuelles, se passent du recours à un architecte. Depuis quelques années, la tendance est également à la réduction des responsabilités confiées à l'architecte : la mission complète, de la conception jusqu'à la réception de l'ouvrage achevé, est devenue l'exception, notamment dans le cas des commandes privées. Enfin, l'application mécanique des réglementations et des normes, dans les domaines de la sécurité, de l'accessibilité, de l'isolation, etc., et la pression constante à la baisse des coûts de construction orientent souvent maîtres d'ouvrage, bureaux d'études et architectes vers des solutions de facilité, au détriment de l'originalité et de la prise de risque. Les conséquences sur la qualité d'ensemble du bâti français sont visibles à travers la standardisation des constructions, l'uniformisation des zones pavillonnaires, voire le déni architectural de certains espaces, par exemple les entrées de villes.

Remédier à ces tendances lourdes n'est pas chose aisée. En 2015, la ministre de la Culture avait annoncé le lancement d'une stratégie nationale pour l'architecture. Le résultat tangible fut l'inclusion dans une loi récente de diverses mesures ponctuelles, notamment l'abaissement de 170 à 150 m^2 du seuil de recours obligatoire à un architecte pour toute nouvelle construction. Le même texte encourage les maîtres d'ouvrage publics et privés à recourir aux concours d'architecture, de manière à participer à « la qualité et à l'innovation architecturales et à l'insertion harmonieuse des constructions dans leur milieu environnant ».

Mais ces dispositions, pour utiles qu'elles soient, restent de portée modeste. Car elles ne s'attaquent à aucune des quatre dimensions qui expliquent la mauvaise passe de l'architecture en France depuis une dizaine d'années : le recul constant du nombre de projets issus de maîtres d'ouvrage publics ; la domination des groupes privés de bâtiment et des bureaux d'études, qui réduisent souvent l'intervention de l'architecte à la partie congrue, lorsqu'ils ne s'en privent pas carrément ; un certain déclin de la représentation de nos architectes à l'étranger, en dehors de quelques grands noms ; enfin, l'absence d'une réelle culture architecturale parmi le public.

Si on veut se donner les moyens de replacer l'architecture au cœur de notre société, il faudra s'attaquer à tous les projets, à toutes les échelles, depuis le programme de crèche jusqu'à la ZAC, en passant par la question centrale de la qualité des logements, ainsi qu'à tous les cadres d'intervention, publics comme privés. Les simples déclarations d'intention n'y suffiront pas. À sa grande époque, il y a une trentaine d'années, la mission interministérielle pour la qualité des constructions publiques (MIQCP) avait su faire du porte-à-porte pour promouvoir les meilleurs architectes et engager des vastes programmes de formation des maîtres d'ouvrage. Il faudra aussi que l'État et les collectivités territoriales ne renoncent pas à construire ou à rénover des bâtiments publics, en mettant en place des concours d'architecture ambitieux, et qu'ils repensent l'usage de certaines procédures – je pense par exemple au procédé du partenariat public-privé, instauré en 2004, qui a souvent conduit à escamoter le rôle de l'architecte. En direction du public, il faudra réfléchir aux moyens de recréer une envie d'architecture : en favorisant dès l'école une sensibilisation à l'architecture et en s'inspirant des exemples étrangers, par exemple de la Suisse qui sait parfaitement mettre en avant dans la promotion touristique ses réalisations architecturales contemporaines les plus inventives. Enfin, les architectes eux-mêmes, notamment les grands noms, doivent naturellement être partie prenante de cette ambition pédagogique et se faire les humbles promoteurs de leur magnifique profession.

ARTISTES

Une relation à reconstruire

La nomination d'un artiste à la tête d'une institution publique est un événement relativement rare. On s'est donc réjoui à l'automne 2015 de l'arrivée de Jean-Marc Bustamante, un créateur reconnu et respecté, à la direction d'un établissement aussi emblématique que l'École nationale supérieure des beaux-arts de Paris. Chacun a également été frappé par la vigueur de ses premières déclarations, et par sa volonté affichée de mettre les artistes au cœur du projet de l'école, et de recentrer celle-ci sur son projet éducatif. Au *Quotidien de l'art*, il a aussi confié que « les artistes ont été mis au ban de tous les organes décisionnaires, ils ont perdu leur autorité dans les sphères du pouvoir, ils ont perdu toute crédibilité en devenant fournisseurs d'un système ». La charge est sévère et mérite d'être examinée de plus près.

Évincés des organes décisionnaires, les artistes ? Un seul artiste (Bertrand Lavier) siège en effet au conseil d'administration du Centre Pompidou, un seul également à celui du Centre national des arts plastiques. Mais la situation n'est pas propre à ce domaine. En dehors peut-être du conseil d'administration du Centre national du livre, où 3 des 22 membres sont des auteurs, la gouvernance des établissements culturels français ne fait qu'une place marginale aux créateurs. Les artistes plasticiens sont un peu mieux représentés dans les commissions d'acquisition d'œuvres d'art et dans celles qui distribuent des aides. Faut-il comme Jean-Marc Bustamante déplorer cette situation ? Je ne le crois pas, car il n'est jamais sain que les bénéficiaires potentiels d'une politique publique soient trop largement représentés dans les organes qui la gouvernent.

En perte d'autorité auprès du pouvoir ? Là encore, en supposant que c'est d'*autorité morale* qu'il s'agit, il y aurait matière à discussion. Il est cependant incontestable que l'évolution de l'organisation administrative du ministère de la Culture depuis une dizaine d'années l'a éloigné des créateurs. La fameuse LOLF (la loi organique relative aux lois de finances, introduite dans les années 2002-2006) a ainsi conduit à l'inclusion de l'ancienne Délégation aux arts plastiques dans un ensemble plus large, la Direction générale de la création artistique (DGCA), qui a pour mission d'embrasser des domaines aussi nombreux et différents que la danse, la musique, le théâtre, les métiers d'art et les arts plastiques. Cette fusion, sans doute rationnelle d'un strict point de vue administratif et financier, a été néfaste sur le plan politique. Elle nie les spécificités propres à chaque domaine de création, et elle instaure un échelon supplémentaire entre le ministre, les artistes et les professionnels. Aucune organisation n'est idéale, mais celle actuellement en vigueur mériterait d'être révisée. Il faudrait au minimum trouver le moyen de redonner davantage de latitude et de visibilité aux services spécialisés au sein de chacune des grandes directions générales et rendre ainsi plus facile, plus immédiat, le dialogue avec les créateurs.

Un autre sujet de débat réside dans les modes d'intervention de l'État vis-à-vis des artistes. L'acquisition d'œuvres d'art contemporaines par les collectivités publiques ou leurs établissements est-elle le moyen d'action le plus judicieux pour soutenir la création ? Quand le Fonds national d'art contemporain, les Fonds régionaux d'art contemporain, le Centre Pompidou achètent des œuvres d'artistes vivants, ils participent naturellement à leur reconnaissance. Cependant, plutôt que d'intervenir ainsi directement sur le marché, il me semble que la puissance publique devrait surtout se préoccuper de créer un contexte favorable au travail et à la reconnaissance des artistes contemporains. Favoriser l'exposition de leurs œuvres, en France et à l'étranger, mettre à leur disposition des ateliers (un domaine où la réglementation existante est inadaptée aux besoins des artistes), aider ponctuellement à la production d'œuvres complexes, soutenir les galeries dans leur mission d'accompagnement des jeunes artistes, encourager (ou au moins ne pas décourager) la constitution de collections privées, me semblent ainsi des axes plus pertinents que l'acquisition directe d'œuvres contemporaines qui, comme le dit justement Jean-Marc Bustamante, fait en plus courir le risque aux artistes de devenir les fournisseurs d'un système.

BUDGET

De l'art de faire des choix

Chaque année au début de l'automne, les professionnels de la culture et les médias attendent avec impatience l'annonce du projet de loi de finances de l'État pour l'année à venir. Davantage que sur les projets du ministère, l'attention et les commentaires se concentrent sur les chiffres : le budget de la culture est-il en hausse ou en baisse ? La rue de Valois est-elle plus ou moins bien traitée que les autres ministères ? Se rapproche-t-on du seuil symbolique du 1 % du budget de l'État ou s'en éloigne-t-on ? Le budget est ainsi considéré comme le mètre-étalon du poids politique du ministre, voire comme le révélateur de l'intérêt personnel que le président de la République et le Premier ministre portent aux arts et aux artistes.

Il y a quelque chose d'un peu factice dans ce rituel, qui privilégie la communication de l'instant au détriment de l'analyse de fond sur les objectifs de la politique culturelle et les moyens que la nation leur consacre.

Ces moyens sont tout d'abord loin d'être négligeables. Le budget du ministère de la Culture est de l'ordre de 3,4 milliards d'euros, mais il faut l'augmenter des crédits que les autres ministères, notamment l'Éducation nationale et les Affaires étrangères, accordent aux actions culturelles dont ils ont la charge, ainsi que des avantages fiscaux consentis à certains secteurs (presse, cinéma, etc.). Tout cela porte le total des dépenses de l'État dans le domaine culturel au-delà des 7 milliards d'euros, soit environ 2 % de son budget global, sans même prendre en compte la redevance audiovisuelle. Et les dépenses culturelles des collectivités territoriales, notamment les communes, représentent un montant équivalent. Ainsi, même si les comparaisons internationales sont complexes, il ne fait aucun doute que la France est l'un des pays où l'effort budgétaire en faveur de la culture est le plus fort, assez nettement au-dessus de la moyenne des autres grands pays européens.

Cependant, la tendance depuis quelques années est au recul ou au mieux à la stagnation des dépenses publiques en faveur de la culture. Cela est une conséquence inévitable des difficultés budgétaires chroniques que rencontrent l'État et la plupart des collectivités locales. Par rapport aux autres politiques, la culture ne semble pas particulièrement sacrifiée, mais elle ne bénéficie simplement pas, ou plus, d'un régime de faveur. Soyons réalistes : cette tendance est durable, et, quels que soient les effets d'annonce préélectoraux, elle ne sera pas renversée dans les années à venir.

Cette stagnation budgétaire place le ministère face à une équation redoutable. Aux dépenses récurrentes (frais de personnel, dotations de fonctionnement) s'ajoutent en effet les besoins générés par les investissements récents (par exemple la Philharmonie de Paris), et la difficulté de procéder à des remises en question ou à des réductions de subventions qui provoquent immédiatement de virulentes protestations. Les moyens disponibles pour les nouvelles initiatives se trouvent ainsi réduits à la part congrue.

Dans ce contexte, quels repères la politique culturelle doit-elle choisir ? J'en vois deux.

Tout d'abord une réflexion sur les priorités et sur les équilibres. Ainsi, alors que les interventions de l'État en faveur du spectacle vivant représentent de très loin la part la plus conséquente du budget du ministère de la Culture (676 millions d'euros au budget 2016), est-il pertinent que les arts plastiques reçoivent un montant presque 10 fois moindre ? De même, au cours des années récentes, les crédits affectés à l'entretien et à la restauration des monuments historiques ont décliné pour se situer aujourd'hui autour de 300 millions d'euros par an : dans un pays où le patrimoine occupe une place aussi importante, et sauf à se résigner à la vision désolante offerte par des monuments mal entretenus, il ne semble pas tenable que la politique culturelle délaisse ainsi durablement une de ses missions régaliennes.

Ensuite, un recentrage sur les missions d'intérêt national. Le ministère de la Culture devrait concentrer ses moyens sur les sujets d'intérêt national, et dans les domaines où ni l'intervention des collectivités locales ni celle du secteur privé ne sont susceptibles de le suppléer. À l'évidence, l'action en direction des territoires ou des populations laissés pour compte de la culture comme le développement de l'éducation artistique font partie des priorités que l'État devrait se donner, quitte à réduire ses interventions ailleurs ou à transférer certaines de ses missions à d'autres. Et retrouver ainsi des marges de manœuvre indispensables à l'affirmation d'une politique.

CENTRE POMPIDOU

Quel musée pour le XXIe siècle ?

Inauguré en 1977, le centre national d'art et de culture Georges-Pompidou est, de tous les établissements culturels français, le plus fascinant et celui qui suscite le plus de débats. Ce statut particulier, le Centre le doit d'abord à la mythologie qui entoure sa conception, issue de l'intuition magnifique d'un président de la République ami des arts et des artistes de son temps, et à la singularité de son architecture. Ce modèle brillant a ouvert la voie aux grands projets présidentiels, qui, du musée d'Orsay à la Philharmonie, en passant par le Grand Louvre, l'Opéra Bastille, la Bibliothèque nationale de France, le musée du Quai Branly, ont transformé notre paysage culturel au cours des dernières décennies. Associant dans un même lieu l'art moderne et l'art contemporain, le design, le cinéma, mais aussi la lecture et la création musicale, porteur d'un projet éducatif novateur, le Centre Pompidou a également inspiré la politique culturelle de nombre de musées en France et dans le monde.

Près de quarante ans après son ouverture au public, le Centre semble cependant à la croisée des chemins. Le programme annoncé par Serge Lasvignes, le président nommé au printemps 2015, atteste une volonté de retour aux sources, réaffirmant la dimension pluridisciplinaire de l'établissement, son rôle de forum de débats au carrefour des idées et des arts, sa vocation à irriguer le territoire français en nouant des partenariats avec les musées et centres d'art en région, son ambition internationale, etc. Mais ce discours rassurant laisse en suspens deux questions fondamentales.

La première tient à l'organisation institutionnelle du Centre. Celle-ci n'a que peu évolué depuis 1977. Elle repose sur l'existence de quatre départements : le Musée national d'art moderne (MNAM) et le département du développement culturel (DDC), ainsi que la Bibliothèque publique d'information (BPI) et l'Ircam (Institut de recherche et coordination acoustique/musique), ces deux derniers restant indépendants du Centre tout en lui étant associés. Cette organisation complexe est devenue un poids. L'arrimage de la BPI et de l'Ircam au Centre Pompidou est des plus distendus. Malgré les propos de façade et quelques (rares) projets conduits en commun, ces deux organismes sont toujours restés à l'écart de la programmation du Centre, et réciproquement. Pour la

BPI, une redéfinition de sa finalité et des modalités de son association au projet culturel du Centre semble indispensable ; pour l'Ircam, il semble qu'un rattachement à la Philharmonie/Cité de la Musique serait aujourd'hui plus cohérent. La coexistence entre le Musée national d'art moderne et le département du développement culturel pose également problème : le directeur du MNAM est sans doute le seul dirigeant de musée à ne pas avoir autorité sur la politique culturelle (débats, conférences, politique éducative...), celle-ci étant pour l'essentiel entre les mains du directeur du département du développement culturel. L'intégration du DDC dans le musée semble, à terme, la solution la plus logique. Mais elle posera immédiatement une autre question sensible : la coexistence dans le même établissement de deux légitimités concurrentes, celle du président du Centre et celle du directeur du musée.

La seconde question a trait à l'avenir de la vocation contemporaine du Centre Pompidou. Là encore, il ne fait aucun doute que, tôt ou tard, le bâtiment construit par Renzo Piano et Richard Rogers deviendra le musée de l'art du XXe siècle, comme Orsay est devenu celui de l'art de la période 1848-1914, et le Louvre celui de la période antérieure. L'art contemporain, en tout cas celui des trente ou quarante ans qui auront précédé la future césure, devra alors être accueilli dans un autre lieu, dans un espace mieux adapté aux formes actuelles de création. Le Centre Pompidou aura-t-il vocation à piloter cette future institution ? Ou bien faudra-t-il qu'elle lui soit totalement indépendante ? Faut-il envisager une nouvelle construction, ou bien lui affecter un bâtiment existant ? Ces sujets sont délicats parce que l'histoire de l'art est un *continuum*, parce qu'isoler les artistes contemporains de ceux qui les ont précédés peut être dangereux, et naturellement parce que le coût d'un tel projet n'est pas anodin. Mais il s'agit là de sujets majeurs, sur lesquels la France est en train de prendre du retard et souffre désormais de la comparaison avec Londres où la Tate Modern vient d'ouvrir un nouveau bâtiment.

L'ambition culturelle de notre pays impose que l'on lance sans attendre la réflexion sur ces questions fondamentales, à l'image de l'audace dont fit preuve en son temps Georges Pompidou.

CINÉMA

Entre succès et défis

Le cinéma est souvent érigé en exemple de la réussite de la politique culturelle à la française.

Il y a de bonnes raisons pour cela. La France dispose d'un réseau de plus de 2 000 salles de cinéma, bien réparti sur notre territoire. Leur fréquentation se maintient à un niveau élevé depuis plusieurs années (205 millions d'entrées par an en moyenne depuis 2009, de loin le plus haut niveau en Europe) et la part de marché des films français reste solidement ancrée autour de 35 à 40 %, un niveau exceptionnellement haut pour une cinématographie nationale en Europe (à l'exception de la France, les films américains réunissent en général plus de 70 % des spectateurs dans tous les pays européens). Les films français enregistrent également des succès notables à l'international : même s'ils sont généralement concentrés sur deux ou trois films à grand spectacle, ces résultats font de notre cinématographie la troisième au monde, derrière les États-Unis et l'Inde. Autres motifs de satisfaction :

les cinéastes français sont régulièrement récompensés dans les plus grands festivals, et la France participe, par le biais de coproductions, au soutien d'un très grand nombre de films d'auteur dans le monde entier.

Ces succès, le cinéma français les doit en bonne partie à son mode de financement et à la régulation mise en place par les pouvoirs publics. Le Centre national du cinéma, créé en 1946, est la clé de voûte d'un système original de redistribution, alimenté par des taxes prélevées sur le prix des places de cinéma, sur les chaînes de télévision et sur les éditeurs de vidéos. Ce système est complété par les obligations d'investissement des chaînes de télévision, par les financements apportés par les Sofica (fonds privés défiscalisés), par les aides des collectivités locales, par un système de garanties bancaires organisé autour de l'Institut pour le financement du cinéma et des industries culturelles (IFCIC), et par un avantageux dispositif de crédit d'impôt. Le cadre réglementaire est également très fourni, notamment avec l'existence d'obligations de diffusion par les chaînes de télévision de films français et européens. Aucun autre pays au monde ne dispose d'un tel arsenal au service du soutien de son industrie cinématographique.

Cependant, les revers de ce modèle sont bien réels, et il ne fait aucun doute que des ajustements importants sont devenus indispensables.

Un rapport remis en 2014 par un spécialiste du secteur, René Bonnell, a ainsi jeté une lumière crue sur le fonctionnement d'ensemble du cinéma français : la production y est de plus en plus concentrée, la distribution de plus en plus coûteuse, la vidéo physique en déclin, la vidéo à la demande fragilisée, les chaînes de télévision en souffrance, les exportations pas assez soutenues. Diverses propositions sont avancées pour mieux maîtriser les coûts de production, encadrer les cachets des acteurs stars, promouvoir une meilleure transparence, améliorer le financement des films les plus fragiles... Certaines de ces mesures ont connu un début d'application.

On doit également s'interroger sur le volume de la production de films en France, au regard des débouchés existants. En 2015, un nombre record de films a été produit (300, contre 258 l'année précédente). Cette abondance conduit à un embouteillage au moment des sorties sur les écrans et à des durées de programmation en salle de plus en plus courtes, qui ne permettent pas aux films les plus exigeants de s'installer. Au total, plus de la moitié des films français font moins de 50 000 entrées en salle. Cette situation de thrombose ne pourra être résolue que de deux manières : par une meilleure maîtrise du nombre de films produits et/ou par le développement d'autres canaux de diffusion, notamment la vidéo à la demande et le Web. Encore faudrait-il toucher à la sacro-sainte « chronologie des médias », qui fixe les délais autorisés pour les différents modes d'exploitation d'un film, résultat d'un savant équilibre entre les différents financeurs : actuellement, la vidéo à la demande n'est ainsi permise que quatre mois après la première diffusion en salle. Ce délai est bien long pour la plupart des films ; il devrait être modulé.

Une autre source de préoccupation réside dans les menaces sur le système de financement lui-même. Les chaînes de télévision, principalement Canal+, premier financeur du cinéma français, sont désormais concurrencées par des diffuseurs qui ne sont pas soumis aux mêmes obligations de financement et de diffusion, comme Netflix, YouTube, Amazon... La baisse du chiffre d'affaires des chaînes entraînera mécaniquement celle des versements qu'elles effectuent en direction de la production cinématographique. À terme, diverses ressources de substitution sont envisageables, qui vont de la participation des géants du Net à l'effort de production jusqu'à la mise en place de fonds spécialisés. Mais leur apport ne sera pas immédiat.

Par le passé, la France a toujours réussi à adapter son système de soutien au cinéma, à le faire évoluer, à le perfectionner. Mais les défis qui se présentent aujourd'hui sont sans aucun doute les plus sérieux jamais rencontrés par ce secteur. Pour les pouvoirs publics comme pour les professionnels, savoir les relever sera crucial pour préserver la vitalité et le rang du cinéma français.

COLLECTIONS

L'importance des donations privées

L'an dernier, la France et les Pays-Bas annonçaient l'achat conjoint, pour 160 millions d'euros, de deux tableaux de Rembrandt, *Portrait de Maerten Soolmans* et *Portrait de Oopjen Coppit, épouse de Maerten Soolmans*, mis en vente par la famille Rothschild. Les deux toiles seront désormais exposées ensemble, en alternance, par le Rijksmuseum et le Louvre.

Quiconque ne connaîtrait que ce dénouement ne pourrait que se réjouir d'un magnifique et inédit exemple de collaboration culturelle entre deux pays et deux grands musées européens, et cela d'autant plus que, côté français, l'achat a été facilité par un mécénat privé de la Banque de France.

Mais le rappel des étapes qui ont précédé cette conclusion donne au contraire une impression navrante. En effet, la France avait d'abord renoncé à ces deux tableaux, les autorités compétentes ayant choisi de leur octroyer un certificat d'exportation, permettant ainsi leur vente à l'étranger. Rapidement éventée, cette décision étonnante a suscité de vives protestations dans les milieux culturels. Et c'est donc sous la pression médiatique que le gouvernement a fini par envisager la solution d'achat partagé. Il a alors fallu convaincre les Pays-Bas, par la voie diplomatique, de renoncer à leur projet d'acheter tout seuls la paire pour leur musée.

Au-delà de la polémique, cette histoire montre que la politique d'acquisition d'œuvres d'art destinées aux collections nationales doit être repensée. L'évolution des prix sur le marché de l'art, souvent vertigineuse pour les œuvres majeures, place l'État et ses musées devant des choix difficiles : les crédits d'acquisition inscrits au budget du ministère de la Culture et de ses établissements publics (notamment le Louvre, le Centre Pompidou, Orsay) sont désormais inférieurs à 25 millions d'euros par an. On est très loin du prix d'un seul de ces deux Rembrandt, ou des prix atteints pour les œuvres des artistes modernes et contemporains les plus recherchés.

La France doit-elle pour autant renoncer à l'acquisition d'œuvres importantes ? Certainement pas, dès lors que des priorités d'achat seraient clairement édictées au plan national et que des solutions de financement faisant appel au secteur privé pourraient être mises en place dans la durée. La France dispose, pour éclairer le ministre de la Culture en matière de projets d'acquisitions, d'un conseil artistique des musées nationaux, dont la mission est aussi d'être « consulté sur les principes généraux déterminant la politique nationale d'acquisition » : sur un dossier aussi emblématique que les Rembrandt, il est dommage que cette instance n'ait pas été sollicitée dès le début par le ministère, ou qu'elle ne se soit pas autosaisie. Il n'est pas trop tard pour lui demander de réfléchir pour l'avenir.

Les questions à aborder sont nombreuses, celle de l'inaliénabilité des collections nationales n'étant pas la moindre. Dogme absolu pour nos conservateurs de musées, ce sujet mérite mieux que les arguments convenus que l'on entend souvent. Une gestion dynamique des collections publiques, autorisant la vente ponctuelle de pièces d'artistes déjà largement représentés, permettrait au contraire de dynamiser les politiques d'acquisition, et de dégager des fonds au profit de l'achat d'œuvres manquantes.

On sait bien également que les enrichissements les plus spectaculaires des collections nationales françaises proviennent, depuis plusieurs décennies, des dations et des donations. Il y a trois ans, la donation d'art contemporain effectuée par Yvon Lambert a ainsi été estimée à environ 100 millions d'euros, soit l'équivalent de quarante années de crédits d'acquisition du Centre Pompidou. Même chose avec l'entrée au musée d'Orsay au printemps 2016 de 140 œuvres de Bonnard et de Vuillard, grâce à une donation du couple de collectionneurs Zeineb et Jean-Pierre Marcie-Rivière, récemment disparus.

Les pouvoirs publics doivent y voir une puissante incitation à nouer des relations privilégiées avec les collectionneurs privés, à les encourager, à les valoriser, à les accompagner. Plus que jamais, l'avenir des collections publiques passe par le développement des collections privées.

DÉCENTRALISATION

Pour un meilleur partage des rôles

Il y a, entre les collectivités locales et la culture, une situation paradoxale.

D'un côté, les collectivités locales sont, de très loin, les acteurs les plus importants de l'action culturelle en France. Les dépenses culturelles des régions, des départements et des communes s'élèvent à près de 8 milliards d'euros, plus du double du budget du ministère de la Culture. L'importance de ces montants tient d'abord à certaines compétences obligatoires que la loi leur a depuis longtemps confiées, notamment en matière d'enseignement artistique (musique, danse, art dramatique), d'archives et de lecture publique, et pour les musées locaux. Au-delà de leurs obligations, beaucoup de grandes communes ont fortement investi dans la réhabilitation de leur patrimoine et dans l'organisation de manifestations culturelles, par exemple des festivals. Embellissement de la cité, dimension sociale, attractivité touristique, les motivations ne manquent pas qui, de Lille à Marseille, de Bordeaux à Lyon, de Nancy à Nantes, et dans tant d'autres villes, ont poussé les édiles locaux à miser sur la culture.

Pourtant, la culture est, ces dernières années, demeurée à l'écart des discussions sur la décentralisation. La mise en œuvre d'une même action (le soutien à un théâtre ou à un festival, la restauration d'un monument historique) est généralement partagée entre plusieurs niveaux de collectivités, et le magistère de l'État reste des plus forts – même lorsque son intervention financière est devenue secondaire, voire marginale.

Faire évoluer cette situation est compliqué. Au jacobinisme de l'État s'ajoute d'abord la pression des artistes et professionnels de la culture, qui redoutent de se trouver face à des élus locaux moins impartiaux, moins ouverts à la création contemporaine, voire prêts à céder au populisme ou au clientélisme en matière de programmation théâtrale ou artistique. Cette crainte est largement exagérée, mais elle est néanmoins régulièrement avivée par l'exemple de tel ou tel maire qui destitue brutalement le directeur du théâtre local ou qui lui coupe son budget.

Plus étonnamment, on ne note pas de réel appétit des collectivités locales elles-mêmes à se voir confier davantage de responsabilités dans le domaine culturel. Alors que beaucoup sont déjà en souffrance financière, les collectivités redoutent qu'un éventuel transfert de compétences de la part de l'État ne soit pas accompagné des moyens correspondants. En outre, nombre d'élus estiment que l'État dispose d'une expertise irremplaçable en matière artistique, voire qu'il est mieux à même de résister aux pressions locales lorsqu'il s'agit de protéger le patrimoine.

Le maintien du *statu quo* est donc la solution de facilité... Sa remise en question au nom de l'intérêt général n'en est que plus nécessaire et urgente.

Nécessaire, parce que les collectivités locales accomplissent plutôt bien, souvent mieux que l'État ne pourrait le faire ou ne le faisait, les missions culturelles qui leur ont déjà été confiées. Et l'État ne pourra pas continuer à être présent partout, au risque de saupoudrer des moyens financiers toujours insuffisants. Une politique culturelle plus ambitieuse et plus efficace passe par un meilleur partage des rôles. Des choix devront donc être faits, selon trois axes : privilégier les régions, qui sont l'échelon territorial le mieux adapté par sa taille et sa capacité d'orientation et d'accompagnement des actions culturelles locales ; leur confier la responsabilité obligatoire de blocs de compétences bien identifiés, principalement dans les domaines du patrimoine et du spectacle vivant ; enfin, leur transférer équitablement les moyens financiers et humains correspondants. Ces transferts permettraient de créer une nouvelle dynamique au plan territorial, et donneraient à l'État la possibilité de recentrer ses interventions sur les initiatives et les institutions d'intérêt national.

Cette réforme présente aussi un caractère d'urgence, car le redécoupage récent des régions offre le contexte idéal pour procéder au renforcement de leurs prérogatives culturelles. Rien n'empêche de procéder à cette réforme par étapes, en choisissant pour commencer quelques régions d'expérimentation, celles qui montreraient en matière culturelle le plus d'envie et offriraient les garanties les plus solides. La décentralisation est une chance pour la culture. Elle mérite davantage de volontarisme politique.

DÉMOCRATISATION CULTURELLE

Passer aux actes

Depuis le décret de 1959, qui donnait au ministère de la Culture l'objectif de « rendre accessibles les œuvres capitales de l'humanité, et d'abord de la France, au plus grand nombre possible de Français », tous les gouvernements ont fait de l'accroissement des publics et de la réduction des inégalités d'accès, réunis ensemble sous la bannière de la démocratisation culturelle, l'une de leurs priorités dans le domaine culturel.

On ne peut que partager cette ambition. Et pourtant...

Les enquêtes sur les pratiques culturelles des Français depuis quarante ans démontrent que les choses n'ont pas évolué dans le sens voulu. Bien sûr, la télévision, la radio, Internet, les jeux vidéo ont capté un nombre croissant d'habitués, et la fréquentation des salles de cinéma est toujours très élevée. Mais les disciplines plus exigeantes ne présentent pas le même bilan : la lecture a nettement reculé ; la fréquentation des salles de spectacles reste l'apanage d'une petite minorité ; quant à la fréquentation des musées et des expositions, elle est relativement forte, mais a tendance à stagner. Surtout, ces enquêtes soulignent la persistance, et même le creusement, des inégalités sociales et géographiques dans l'accès à la culture. Les écarts entre milieux sociaux demeurent les mêmes pour les sorties théâtrales, et se sont accentués pour les spectacles de danse, les concerts de musique classique, voire les concerts de rock ou de jazz. En d'autres termes, les premiers bénéficiaires de la politique culturelle ont été ceux qui y avaient déjà accès, notamment les habitants du centre des grandes villes et les catégories socioprofessionnelles supérieures.

Bien évidemment, la politique culturelle ne peut être tenue pour unique responsable de cet échec. Des facteurs économiques, sociaux, politiques plus profonds expliquent le maintien de fractures au sein de la population française, dont la difficulté d'accès à la culture et aux savoirs n'est qu'un des symptômes.

Pour autant, le ministère de la Culture doit tirer des enseignements de cette situation, en commençant par reconnaître que l'offre culturelle, aussi qualitative soit-elle, ne déclenche pas automatiquement la demande du public. André Malraux estimait que la démocratisation culturelle viendrait du choc esthétique entre le public et les œuvres, à travers une rencontre qui pouvait pratiquement se passer de tout intermédiaire. C'est cette conception élitiste qui a conduit le ministère de la Culture à se concentrer sur le soutien à la création, sur la mise en valeur du patrimoine et sur la construction d'un réseau d'équipements culturels, tout en considérant que le public suivrait. Non seulement cette politique de l'offre n'a pas atteint l'objectif visé, mais elle a eu l'effet inverse, nourrissant au passage un certain rejet des classes populaires à l'égard de la culture et de la création « officielles ».

Depuis une vingtaine d'années, les gouvernements ont cherché à corriger le tir, en faisant de l'éducation artistique à l'école et des programmes culturels à la télévision les nouveaux chevaux de bataille au service de la démocratisation culturelle. L'écart entre le discours et les moyens réellement mis en œuvre dans ces matières reste cependant vertigineux.

Il serait sans doute plus opportun de définir des priorités plus concrètes, en faveur d'une véritable politique de développement des publics. Identifier les populations exclues de la culture (s'intéresser enfin aux « non-publics » de la culture), mobiliser les moyens et les établissements culturels en leur direction, se donner des objectifs tangibles et les suivre au moyen d'indicateurs. Les zones urbaines sensibles, telles que définies par la politique de la ville, pourraient être l'un des axes prioritaires de cette politique, en s'appuyant sur les associations et structures qui y interviennent. On ne peut se satisfaire en la matière de la simple annonce de la construction d'une Villa Médicis à Clichy-Montfermeil à la place d'une ancienne tour d'habitation.

La question des moyens mobilisables est tout aussi centrale. L'essentiel des ressources qui vont vers les actions en faveur du public sont actuellement soit déconcentrées par l'État au plan régional, soit mises en œuvre par les établissements subventionnés par le ministère. Pour ces derniers, il faudra envisager de conditionner leurs dotations à des actions de développement de nouveaux publics. Et également mettre un terme aux barrières et aux préjugés absurdes, tels ceux qui séparent aujourd'hui théâtre public et théâtre privé et empêchent la construction d'une programmation qui favoriserait une plus grande mixité des publics.

En un mot, substituer des actes concrets à l'incantation généreuse, mais vaine, de la démocratisation culturelle.

ÉCOLES

Des priorités à repenser

Il y a plus de quinze ans, le 14 décembre 2000, Jack Lang, ministre de l'Éducation, et Catherine Tasca, ministre de la Culture, annonçaient ensemble un ambitieux plan pour les arts et la culture à l'école. L'école était décrétée le lieu central pour la rencontre précoce avec les œuvres, la solution pour réduire les inégalités d'accès à l'art et à la culture. Ce plan devait atteindre l'ensemble des écoliers au bout de cinq années. Les moyens financiers devaient suivre.

L'alternance politique intervenue en 2002 mit prématurément fin au plan Lang-Tasca, qui resta à l'état de promesse et dont on ne mesura donc jamais les effets escomptés. Cependant, l'éducation artistique et culturelle a depuis cette date imprégné tous les discours de politique culturelle, à droite comme à gauche. En 2013, la loi pour la refondation de l'école de la République a reconnu l'éducation artistique et culturelle comme une composante de la formation générale de tous les élèves, et elle a explicitement intégré la dimension culturelle dans le socle commun de connaissances que tout élève doit maîtriser à la fin de sa scolarité obligatoire.

On ne pourrait qu'adhérer à ce volontarisme généreux et se réjouir de sa consécration législative, s'il n'était en réalité un trompe-l'œil, et cela pour deux raisons principales.

En premier lieu, le partenariat entre le ministère de l'Éducation et le ministère de la Culture repose sur des bases foncièrement déséquilibrées. L'Éducation nationale focalise ses efforts sur les enseignements artistiques obligatoires notamment la musique, les arts plastiques et l'histoire des arts. Le ministère de la Culture et les collectivités locales sont, eux, principalement engagés sur des projets spécifiques (ateliers, jumelages, classes à projets artistiques et culturels, classes à horaires aménagés, éducation à l'image et au cinéma, rencontre avec des artistes et des médiateurs, sorties dans des établissements, etc.). Mais autant les enseignements obligatoires sont précisément cadrés, autant les projets spécifiques restent facultatifs, et dépendants de ressources financières qui, hélas, ne permettent pas leur généralisation à tous les établissements scolaires. Le ministère de la Culture dispose ainsi d'une enveloppe d'environ 55 millions d'euros en 2016 : montant certes non négligeable, mais qui ne représente jamais qu'une moyenne de 4 euros par écolier… De fait, on estime que seulement 20 % des élèves bénéficient chaque année de projets artistiques et culturels, laissant subsister d'immenses inégalités géographiques et sociales.

En second lieu, en embrassant un objectif trop large, inatteignable, cette politique détourne le ministère de la Culture de ses priorités, qui devraient, dans le champ éducatif, être beaucoup plus ciblées. À l'école, le ministère de la Culture devrait notamment faire du renforcement de l'enseignement d'histoire des arts l'un de ses chevaux de bataille. Cette matière a été rendue obligatoire au collège depuis 2008, ce qui est une avancée particulièrement heureuse (elle existe en Italie depuis près d'un siècle) ; mais elle nécessite encore beaucoup d'améliorations du point de vue de la formation des professeurs qui la dispensent et des ressources pédagogiques mobilisables. De même, le ministère devrait plus délibérément orienter ses moyens vers les actions bénéficiant aux publics scolaires les plus défavorisés au plan culturel, notamment dans les quartiers de la politique de la ville et dans certaines zones rurales, quitte à mettre en sourdine le discours rituel sur la généralisation.

Une autre priorité devrait concerner les enseignements spécialisés, des conservatoires de musique jusqu'aux écoles supérieures d'art, domaines dans lesquels la légitimité du ministère de la Culture est incontestée, et où les enjeux sont considérables. S'agissant de l'enseignement musical, la France dispose d'un réseau unique en Europe, composé de 440 conservatoires classés qui accueillent quelque 300 000 élèves, auxquels s'ajoutent environ 3 500 structures municipales et associatives pour près de 1,5 million d'usagers. C'est un atout majeur pour notre pays. Mais la période récente a été marquée par la valse-hésitation du gouvernement, qui avait envisagé un temps de supprimer ses subventions aux conservatoires à rayonnement départemental et régional, avant de revenir sur sa décision. La même attention doit être portée, sans relâche, à l'enseignement supérieur, c'est-à-dire aux quelque 100 établissements relevant du ministère de la Culture qui forment près de 37 000 étudiants dans les domaines de l'architecture, des arts plastiques, du spectacle vivant, du patrimoine, et du cinéma et de l'audiovisuel. Ils sont actuellement confrontés à des interrogations stratégiques, allant du statut des enseignants jusqu'aux débouchés offerts aux diplômés, en passant naturellement par la question du financement. La vitalité et la qualité de l'enseignement spécialisé doivent revenir au centre des attentions du ministère de la Culture, même si le prix à payer est d'être taxé d'élitisme.

ÉCONOMIE CULTURELLE

Un concept à manier avec précaution

À droite comme à gauche, la mise en avant de la dimension économique de la culture est à la mode.

Il y a une dizaine d'années, Renaud Donnedieu de Vabres, alors ministre de la Culture et de la Communication, initiait le Forum d'Avignon – depuis cette année réinstallé à Bordeaux –, qui se définit comme un « laboratoire d'idées et un lieu de rencontres et d'expressions au service de la culture, de la filière culturelle et créative et de leur dialogue avec le monde économique et numérique ». En 2014, Aurélie Filippetti, à l'origine d'une étude ministérielle sur le PIB culturel, n'hésita pas à déclarer dans une étrange formule que « le redressement productif [était] lié au redressement créatif ».

L'an dernier, le Premier ministre lui-même préfaçait la publication de France Créative, un collectif réunissant une vingtaine de sociétés de droits d'auteur, de syndicats professionnels et d'entreprises privées. Intitulé *Panorama de l'économie de la culture et de la création en France,* l'ouvrage mesure l'apport de 10 secteurs clés (arts visuels, musique, spectacle vivant, cinéma, télévision, radio, jeu vidéo, livre, presse, publicité et communication) à l'économie française : leurs activités représenteraient des revenus de près de 84 milliards d'euros, emploieraient directement 1,3 million de personnes et seraient à l'origine d'exportations significatives.

Souligner ainsi l'impact des activités et des projets culturels dans les domaines de l'emploi, du développement local ou de l'attractivité touristique de la France est indispensable, car leur contribution à ces titres est trop souvent méconnue ou sous-estimée. Il est également légitime que les pouvoirs publics se préoccupent de mieux connaître l'empreinte économique de la politique culturelle. On peut espérer que cela serve le locataire de la rue de Valois au moment des discussions budgétaires avec son collègue de la rue de Bercy.

Dans le même temps, on assiste à un glissement sémantique et politique vers le concept d'*industries créatives*, sur le modèle des *creative industries* anglo-saxonnes. Cette notion va bien au-delà de la définition des industries culturelles, qui regroupent les entreprises de l'édition, de la musique enregistrée, du cinéma, des jeux vidéo, de l'audiovisuel et de la presse, tous secteurs dans lesquels est à l'œuvre un processus de reproduction à grande échelle d'un prototype original. Aux industries culturelles, les industries créatives additionnent tout aussi bien les monuments, les musées, les arts plastiques, le théâtre, la danse, l'architecture, le marché de l'art, rappelant que ces secteurs, au-delà de leur singularité, sont également producteurs de valeur économique. Comme dans la publication de France Créative, elles intègrent aussi la publicité et la communication, considérant que ces activités partagent avec d'autres un acte initial de création. Les industries créatives sont un concept globalisant, elles sont pour ceux qui la promeuvent la nouvelle définition dynamique des arts et de la culture à l'âge du numérique et de la mondialisation. Dont acte.

Soyons cependant bien conscients que cette assimilation n'est pas sans conséquences ni potentiels dangers. En agglomérant des secteurs aux contenus et à la finalité très différents, elle livre une image déformée. Les « industries créatives » ne constituent pas une filière homogène, comme l'automobile ou la viticulture, ni même un ensemble partageant un même modèle de production et de débouchés, comme l'agriculture ou la chimie. Les différentes disciplines culturelles obéissent à des logiques extrêmement variées, voire opposées. Certaines d'entre elles bénéficient d'une intervention forte de l'État, sous la forme de subventions ou de réglementations, d'autres pas. En valorisant à l'extrême la dimension économique, le concept d'industries créatives banalise notre idée de la culture. Il est d'une certaine manière l'antithèse du concept d'exception culturelle, selon lequel la culture n'est pas assimilable à un bien marchand, et qui justifie l'intervention régulatrice des pouvoirs publics.

Le ministère de la Culture devrait se garder de trop cautionner cette dérive. Il doit au contraire rester garant d'une approche plus subtile, reflétant la dualité de ses domaines de compétence.

D'un côté, il doit naturellement s'affirmer comme le ministère des industries culturelles : les entreprises privées qui interviennent dans le champ des médias, du cinéma, de l'édition, de la presse, des jeux vidéo, ont besoin d'une présence de l'État à la fois comme régulateur, pour les aider à affronter les défis que la mondialisation et la numérisation leur opposent et pour faciliter l'accès aux financements que le développement de leur activité réclame. Ces entreprises ont aussi la particularité de jouer un rôle essentiel dans le financement de la création d'œuvres originales et pour leur diffusion, ce qui justifie que les politiques publiques veillent à la diversité de leur production et des réseaux de distribution sur le territoire national. Pour cela, le ministère dispose d'un bras armé, la Direction générale des médias et des industries culturelles, et peut s'appuyer sur différents établissements spécialisés (Centre national du cinéma, Centre national du livre, Institut de financement du cinéma et des industries culturelles, etc.).

Mais le ministère de la Culture ne doit pas oublier qu'il y a aussi et surtout, de l'autre côté, des activités de création, de conservation, de diffusion ou d'éducation dont l'unité de mesure principale ne peut être la valeur marchande de leurs activités. À quand un grand rapport sur l'impact éducatif et social de la culture en France ?

EXCEPTION CULTURELLE

Fédérer plutôt que ferrailler

Les biens culturels ne sont pas des biens comme les autres et ils doivent donc échapper aux règles du marché : ce principe d'exception culturelle est la pierre de touche de la politique culturelle française.

Au plan interne, il légitime l'intervention de l'État dans le champ culturel : prix unique du livre, système de financement de la production cinématographique, quotas de production et de diffusion de films d'expression française imposés aux chaînes de télévision, quotas de diffusion de titres en français à la radio... Par l'instauration de mécanismes contraignants ou dérogatoires, par l'octroi de subventions directes ou indirectes, l'objectif est constant : protéger la diversité de création et de diffusion face à la loi du marché. Cette politique a un coût, mais la réussite semble incontestable. On érige souvent en exemples la vitalité du cinéma français, qui détient encore des parts de marché conséquentes en France à la différence des autres cinématographies européennes dans leurs pays respectifs, le maintien d'un réseau de libraires et de salles de cinéma plus dense qu'ailleurs, etc.

Au niveau international, l'exception culturelle est depuis vingt ans l'un des fers de lance de la diplomatie culturelle française. Elle lui a donné quelques beaux succès : en 1993, exclusion de l'audiovisuel des discussions commerciales multilatérales ; en 2005, accueil à Paris de la cérémonie de signature d'une convention sur la protection et la promotion de la diversité des expressions culturelles, qui reconnaît « la nature spécifique des activités, biens et services culturels en tant que porteurs d'identité, de valeurs et de sens » ; en 2013, exclusion de l'audiovisuel des négociations de libre-échange entre l'Europe et les États-Unis.

Il ne fait aucun doute que la défense de l'exception culturelle, qui fait l'unanimité à gauche comme à droite, Rue de Valois comme Quai d'Orsay, a encore de beaux jours devant elle.

Il existe cependant de sérieux risques de fissures dans l'édifice, les deux plus notables étant les enjeux du développement d'Internet, et la position de la France au plan européen.

Le numérique a accéléré la globalisation des échanges, bousculant les frontières et les systèmes établis. Les diffuseurs audiovisuels établis en France sont soumis à des obligations strictes : contribution à la production cinématographique française et européenne, respect d'une chronologie de diffusion des films préalablement sortis en salles de cinéma, quotas de diffusion d'œuvres européennes et françaises. Comment réagir à l'irruption de plateformes internationales, telle Netflix, qui ne respectent pas certaines de ces obligations ? Faut-il essayer de les contraindre ou bien réfléchir à un certain assouplissement de la réglementation en vigueur ? Que valent les quotas de diffusion de films et de chansons françaises, alors que le Web a révolutionné les modes d'accès aux films et à la musique au cours de la dernière décennie ? Le gouvernement a tenté de répondre en annonçant en 2013 « un acte II de l'exception culturelle », sous la forme d'un rapport confié à Pierre Lescure. Cet exercice, largement médiatisé et d'une grande qualité formelle, n'a cependant débouché sur aucun changement notable. Les mêmes questions continuent de se poser.

Au plan européen, la France ferraille plus qu'elle ne fédère. Ni l'Allemagne, ni le Royaume-Uni, ni la plupart des autres pays n'ont le même attachement qu'elle à l'exception culturelle, qu'ils seraient prêts à sacrifier en échange de marges de manœuvre dans d'autres domaines des négociations commerciales internationales. Les institutions européennes, Commission et Parlement, veulent favoriser la construction d'un marché unique numérique, afin de faire pièce à la domination des géants américains du Web. C'est un objectif hautement louable. Mais il pose, entre autres, la question des droits d'auteur en Europe. Permettre aux amateurs de musique ou de programmes audiovisuels d'avoir accès aux mêmes programmes où qu'ils soient en Europe nécessite en effet de toucher au principe de territorialité des droits d'auteur, un autre des piliers de notre exception culturelle. Cette perspective a suscité de vives réactions en France et ailleurs, et il semble que la Commission européenne les ait pour le moment entendues. Mais le chemin est encore long. Dans les discussions qui se profilent, il faudra que le gouvernement français trouve les moyens de forger un équilibre entre les intérêts des utilisateurs, le renforcement de nos industries culturelles, et la protection des droits des créateurs. Et qu'il essaie d'inventer au passage une version renouvelée de l'exception culturelle, un principe qu'il faut défendre sans relâche, mais en l'adaptant aux enjeux du monde moderne.

FRAC

Un nécessaire second souffle

Créés en 1982, les Fonds régionaux d'art contemporain (FRAC) sont des structures cofinancées par l'État et par les conseils régionaux, dont le but est d'acquérir, de conserver et de diffuser des œuvres d'art contemporain. Les FRAC font périodiquement l'objet de remises en question. Il y a quelques années, Luc Ferry s'était illustré dans les colonnes du *Figaro* en critiquant pêle-mêle les œuvres achetées par les FRAC, issues d'artistes « sans art et sans talent », et les « cénacles » chargés de les sélectionner aux frais du contribuable. La fondation Ifrap, un *think tank* de droite, avait quant à elle consacré une longue étude à ces institutions, livrant une conclusion sans appel sur leur coût et leur faible fréquentation, et appelant à des mesures radicales telles que la privatisation ou la mise en vente d'une partie de leurs collections.

Ces attaques à l'encontre des FRAC sont en général l'expression d'une détestation plus viscérale à l'égard de la création contemporaine. Ceux qui les profèrent usent souvent d'amalgames douteux pour condamner ensemble les artistes, l'*establishment culturel* et le marché de l'art. Face à cette démagogie de bas étage, l'effort de pédagogie doit être sans cesse renouvelé. On peut notamment rappeler le bilan des FRAC au service des artistes et des publics : 26 000 œuvres de plus de 4 000 artistes créateurs acquises depuis l'origine ; 35 % des collections présentées chaque année, dans les locaux des FRAC, ou dans des expositions ou des manifestations extérieures, dont une bonne partie en direction des populations scolaires ; entre 1,5 et 2 millions de visiteurs par an pour les expositions des FRAC ; des partenariats nombreux au plan local notamment avec d'autres institutions culturelles, mais aussi des écoles, des hôpitaux, etc. ; tout cela à un coût maîtrisé, les 23 FRAC employant moins de 250 personnes au total.

Mais le soutien aux FRAC au nom de la défense de la création contemporaine ne doit pas nous empêcher de nous interroger sur leur pertinence au regard des exigences d'une politique culturelle moderne. De ce point de vue, deux questions méritent d'être posées.

La première, qui dépasse les seuls FRAC, concerne le principe même de l'acquisition d'œuvres d'art contemporain par les collectivités publiques. Sans négliger la reconnaissance que l'entrée dans les collections d'un

FRAC peut signifier pour un artiste, je ne pense pas que l'achat public soit de nos jours la forme de soutien aux créateurs contemporains la mieux adaptée. Davantage que des acquisitions ponctuelles, souvent pour des petits montants, les collectivités publiques devraient favoriser des interventions permettant de créer un contexte favorable à l'émergence et à l'expression des artistes, et de démultiplier l'effet des moyens publics investis. Ainsi, l'accompagnement des écoles d'art, l'aide aux projets, le développement d'une politique de résidences ou d'ateliers, le soutien à l'organisation d'expositions en France et à l'étranger, l'encouragement au développement de collections privées, sont des axes nettement plus pertinents pour le déploiement d'une politique efficace en faveur de la création contemporaine.

La deuxième question a trait aux FRAC en tant qu'instruments d'une politique culturelle. La récente loi relative à la liberté de création, à l'architecture et au patrimoine a consacré l'existence des FRAC en tant qu'institutions à part entière et a renforcé le statut de leurs collections. Il est dommage que cette évolution majeure soit intervenue sans une réflexion de fond sur la place et sur l'avenir de ces structures dans le cadre de la politique des arts plastiques et des musées en France. Le sujet n'est pourtant pas nouveau : dans un rapport de

1987, Dominique Bozo, alors délégué aux arts plastiques, soulevait déjà les questions essentielles : la tendance des FRAC à devenir des institutions muséales, et ses conséquences à l'égard des musées existants ; le coût croissant d'aménagement des locaux et de fonctionnement ; l'arbitraire des modes d'acquisition ; et surtout – question la plus importante à mes yeux – le risque de cantonner l'art contemporain dans des institutions spécialisées, coupées du contexte historique et du travail muséologique nécessaires à leur appréhension par un large public. Il évoquait alors plusieurs voies d'évolution possibles pour les FRAC, dont les deux premières étaient leur rapprochement des musées existants « pour acquérir des œuvres en accord avec eux, ou mieux pour eux », ou leur transformation en musées dans les régions où aucune structure ouverte à l'art moderne ou contemporain ne préexistait.

Près de trente ans plus tard, les situations ont évolué. Les FRAC ont une politique généreuse en matière de prêts et de dépôts, notamment en direction des musées. Surtout, plusieurs régions se sont également engagées avec l'État dans la construction de FRAC dits « de nouvelle génération » : à Besançon, Marseille, Rennes, Orléans, Dunkerque, bientôt à Bordeaux, les Fonds régionaux disposent de zones de conservation mieux adaptées et, chose nouvelle, d'espaces d'exposition. Cette évolution est à double tranchant, et il conviendra de s'assurer qu'elle n'amoindrit pas la volonté ou la capacité de ces FRAC à faire circuler leurs collections en dehors de leurs murs. Dans les régions où ce choix de construction neuve n'a pas été fait, il est encore possible de renforcer les liens entre les FRAC et les musées existants. Différentes formules sont possibles, pouvant aller jusqu'à la fusion en une seule institution – ainsi que cela a été fait aux Abattoirs à Toulouse. L'arrimage des FRAC aux musées paraît en effet la meilleure façon d'inscrire leurs collections dans un continuum historique ou patrimonial, de mutualiser les moyens d'acquisition et de fonctionnement, et, *in fine*, de protéger ces institutions contre les critiques ou les remises en question dont elles sont régulièrement la cible.

GALERISTES

Un maillon essentiel mais fragile

Il y a deux ans, Yvon Lambert annonçait la fermeture de sa galerie, après presque cinquante ans de présence à Paris, afin de se consacrer à la Fondation qui porte son nom à Avignon et à ses activités d'éditeur de livres d'art. D'autres ont ou vont franchir des caps symboliques : trente-cinq ans d'activité l'an dernier pour la galerie créée par Chantal Crousel, respectivement quarante et cinquante ans cette année pour celles de Farideh Cadot et de Daniel Templon, soixante ans l'an prochain pour celle de l'inépuisable Claude Bernard. Tous sont des galeristes engagés de longue date auprès des artistes de leur temps, exemplaires d'une certaine manière de faire ce métier, comme il en existe encore beaucoup en France.

Comme l'auteur et son éditeur, comme le cinéaste et son producteur, l'artiste et le galeriste forment un couple où chacun donne à l'autre une part essentielle de lui-même. Les intérêts matériels sont certes présents, l'artiste apportant son talent et sa créativité, le galeriste ses savoir-faire de marchand et de diffuseur, mais ils sont généralement transcendés par une relation plus profonde, faite de confiance mutuelle et de complicité. Le temps est un paramètre essentiel de cette relation : c'est dans la durée que le galeriste accompagne, défend, installe les œuvres de ses artistes.

Les galeristes sont des passionnés, très souvent collectionneurs eux-mêmes, et presque toujours des personnalités de (fort) tempérament. L'artiste est le premier acteur de la relation (pas de galeriste sans artiste !), mais à bien des égards le galeriste est aussi un précurseur, un inventeur, qui contribue de manière décisive à détecter et à révéler un talent, puis à asseoir sa reconnaissance et sa notoriété. Il est un passeur indispensable vers les collectionneurs, les institutions, le marché. C'est à cette dimension que rendait hommage le cycle de conférences que j'avais initié chez Sotheby's il y a quelques années, consacré aux grands marchands français, de Paul Durand-Ruel jusqu'à nos jours. Peu de temps avant sa disparition, Denise René fit dans ce cadre, à 96 ans, l'une de ses dernières interventions en public, qui fut enregistrée et peut encore être écoutée en ligne sur le site de *Connaissance des arts*. Il est essentiel de conserver la mémoire de ces parcours singuliers. Il faut à cet égard saluer l'initiative prise récemment par le Comité des galeries d'art de lancer une collection d'ouvrages consacrée à des portraits de galeristes français d'après-guerre.

Le rôle irremplaçable du galeriste me convainc également que la politique culturelle devrait leur marquer une plus grande considération.

Les transformations du marché de l'art au cours de la dernière décennie (mondialisation, concurrence des maisons de vente, suprématie des foires internationales, essor des ventes par Internet) soumettent les galeristes, et plus largement le secteur du négoce d'œuvres et objets d'art, à une rude pression. Le secteur a tendance à se partager entre les galeries les plus puissantes, qui se donnent les moyens d'aborder le marché international, et un grand nombre de galeries de petite taille, qui survivent selon des modèles économiques fragiles. On a aussi vu à Paris, au cours des cinq dernières années, la fermeture de plusieurs galeries emblématiques, leurs dirigeants ayant décidé de poursuivre leur activité d'une manière différente.

L'État n'a naturellement pas vocation à s'immiscer dans ces évolutions de marché, qu'il appartient aux galeries elles-mêmes d'accompagner ou de maîtriser. Mais il doit cependant veiller à ce que le contexte dans lequel elles évoluent soit optimal. Car l'existence d'un tissu de galeries dense et dynamique n'est pas seulement avantageuse pour la vitalité de la création contemporaine : elle permet aussi de favoriser la constitution d'un patrimoine artistique qui enrichit le pays. Diverses aides (première exposition, participation à une foire à l'étranger, publications, avances remboursables à la production) sont actuellement attribuées aux galeries par le Centre national des arts plastiques ; elles sont utiles bien que de montant modeste. Mais beaucoup reste encore à faire. Les professionnels ont mis certaines propositions techniques sur la table, dont l'une vise à permettre le renforcement des fonds propres des galeries à travers un mécanisme d'amortissement de leur stock d'œuvres d'art. Simple de mise en œuvre, sans effet négatif au plan du budget de l'État, elle n'a cependant pas encore été validée par le gouvernement.

Plus largement, dans un pays qui érige traditionnellement des barrières hermétiques entre secteur privé et secteur public, il est vital d'accentuer la coopération entre les différents maillons de la chaîne de production et de diffusion. Institutions culturelles et galeries ont des vocations différentes, mais c'est ensemble qu'elles doivent contribuer au dynamisme de la vie artistique ainsi qu'à la promotion et à la reconnaissance des créateurs français.

GRANDS PROJETS

Surtout ne pas y renoncer

L'époque des grands projets culturels, initiée en 1977 par le Centre Pompidou, qui connut son apogée sous François Mitterrand (Grand Louvre, Institut du monde arabe, Opéra Bastille, Grande Arche, Grande Bibliothèque, etc.), et dont la dernière manifestation parisienne est la Philharmonie de la Villette, semble révolue.

La construction de nouveaux équipements est en effet l'un des domaines les plus immédiatement visés par les recherches d'économies budgétaires. L'une des premières décisions d'Aurélie Filippetti à son arrivée rue de Valois en 2012 fut ainsi de stopper net les quelques grands projets annoncés par son prédécesseur, et de le faire savoir au nom d'un comportement politique responsable.

Chacun peut comprendre la nécessité de ce mot d'ordre. D'autant que les grands équipements, une fois inaugurés, réclament de nouvelles subventions de fonctionnement, réduisant d'autant la capacité d'action du ministère de la Culture dans les autres domaines de sa politique.

Renoncer aux grands projets n'est cependant pas un aussi bon calcul que cela.

La France peut s'enorgueillir de disposer d'équipements culturels de prestige, monuments, musées, lieux d'expositions ou de spectacles, abrités dans des constructions anciennes ou dans des architectures contemporaines. Ils sont un atout pour notre pays, tant pour la mise en valeur de son patrimoine monumental et artistique, que du point de vue de son standing et de son attractivité au plan international. Renoncer par principe, pour des motifs budgétaires, à en construire de nouveaux, c'est renoncer à l'ambition et au symbole, mais aussi renoncer à la dimension structurante que de tels projets peuvent revêtir. À Marseille, la construction du Musée des civilisations d'Europe et de la Méditerranée (MuCEM) et la rénovation d'autres grands équipements ont ainsi changé le regard porté sur la cité, par ses habitants comme par ses visiteurs, et ont dopé la fréquentation des musées de la ville. Et quiconque se rend aujourd'hui à Londres, à New York, à Shanghai, à Dubaï, perçoit instantanément l'intensité de la lutte que se livrent les grandes métropoles pour implanter de nouveaux équipements ou réinventer ceux qui existent : il s'agit d'un enjeu économique autant que culturel. La France, en particulier à Paris, ne peut se placer à l'écart de ce mouvement.

Comment alors concilier l'inconciliable, l'ambition de projets emblématiques et structurants d'un côté, et la rigueur budgétaire de l'autre ?

Pour une partie, des projets portés par les collectivités locales et le secteur privé ont, ces dernières années, pris le relais de l'État. Le musée des Confluences à Lyon, le musée Soulages à Rodez, la Fondation Louis-Vuitton à Paris, sont quelques exemples de ce type d'initiatives, qu'il faudra continuer de susciter ou d'accompagner.

Ailleurs, c'est avec sa vocation de stratège que l'État devra renouer. Car ce qui frappe le plus dans les annonces successives de « grands projets » culturels au cours de la dernière décennie, c'est leur caractère circonstanciel, isolé de toute réflexion de moyen et de long terme ou de plan d'ensemble. Ainsi pour le projet de maison de l'histoire de France, mal né et rapidement abandonné, ou pour la transformation de la tour Utrillo à Clichy pour en faire un espace pour les jeunes créateurs (annoncée par un ministre, stoppée par le suivant, relancée par un troisième). Ces projets étaient-ils vraiment ceux dont la France a le plus besoin aujourd'hui ? Le ministère de la Culture devrait penser plus grand et plus loin, à l'horizon de dix ou quinze ans. Réunir les directeurs des grands établissements culturels, et confronter leur avis à la vision de personnalités extérieures, françaises et étrangères. L'objectif de ces consultations serait de faire émerger les quelques projets d'envergure nationale que l'on devrait considérer comme prioritaires au cours de la décennie à venir, constructions neuves comme restructurations ou rénovations de grande ampleur. De ce point de vue, il faut saluer l'initiative visant à confier à l'architecte Dominique Perrault et à Philippe Belaval, directeur du Centre des musées nationaux, une mission de réflexion sur l'aménagement de l'île de la Cité.

Il faudra ensuite repenser les modes d'exécution et de gestion de ces projets. Par tradition, l'État maître d'ouvrage sous-estime initialement le coût des travaux (une vieille technique pour faire passer la pilule à Bercy) et occulte les frais de fonctionnement induits par les nouveaux bâtiments (une vieille technique pour laisser aux ministres suivants le soin de gérer le problème). Il faut rompre avec ces pratiques.

Les collectivités publiques auront toujours vocation à assumer la plus grande partie du financement des projets d'intérêt national. Mais pour réduire les coûts, l'association avec le secteur privé sera de plus en plus indispensable. La grande affaire sera de trouver des formes de partenariat adaptées. Au cours de la dernière décennie, les PPP (partenariats public-privé) ont été la technique la plus couramment utilisée, qui consiste à confier les travaux de construction et la future exploitation à un groupement d'entreprises, en échange d'une redevance annuelle d'exploitation pendant une longue période : il ne faut pas abuser de cette solution, qui n'est souvent qu'une forme d'endettement déguisée, et donc une bombe budgétaire à retardement. C'est vers la recherche de mécénats d'entreprises ou de particuliers, la valorisation foncière, la concession d'espaces privés au sein du futur équipement, la sous-traitance de certaines fonctions, la réflexion sur la tarification, qu'il faudra plutôt se tourner, en intégrant ces dimensions dès la phase de conception du projet. Au cœur de Paris, la reconversion de l'hôtel de la Marine, confiée au Centre des monuments nationaux, sera un bon révélateur de l'aptitude de l'État à relever ce nouveau défi : continuer de faire du grandiose avec des moyens réduits.

HISTOIRE DE L'ART

Une base à consolider

Peu médiatisée, noyée dans la thématique plus générale de l'éducation artistique et culturelle à l'école, absente des discours ministériels, l'inscription depuis 2009 de l'histoire des arts parmi les enseignements obligatoires pour les élèves du primaire, du collège et du lycée n'en est pas moins une des avancées importantes de la politique culturelle en France au cours des dernières années. Une base encore fragile et imparfaite, mais une base tangible quand même, sur laquelle on peut construire pour l'avenir, en ayant bien conscience du chemin considérable restant encore à parcourir.

Au cours des décennies précédentes, en matière d'histoire de l'art, les efforts politiques s'étaient surtout focalisés sur l'enseignement supérieur et sur la recherche, notamment avec la création en 2001 de l'Institut national d'histoire de l'art (INHA), et son installation depuis 2005 dans la galerie Colbert et dans le quadrilatère Richelieu. L'INHA possède l'un des fonds d'art et d'archéologie les plus importants au monde, composé de près de 2 millions de documents, en partie issu du don historique de la bibliothèque de Jacques Doucet en 1919. L'Institut accueille chaque année plusieurs dizaines de chercheurs, développe un programme scientifique et une activité d'édition. Il est désormais bien installé dans le paysage culturel et universitaire français.

Jusqu'à récemment, l'histoire de l'art à l'école n'avait pas bénéficié du même traitement privilégié. D'abord parce qu'elle ne faisait pas partie de l'alphabet du ministère de la Culture : pour Malraux, l'émotion procurée par la rencontre avec l'œuvre d'art devait primer sur toute tentative d'explication par un médiateur ou un enseignant ; avec ses successeurs rue de Valois, principalement à partir de Jack Lang, l'éducation artistique à l'école était bien devenue une priorité, mais elle passait surtout par les pratiques artistiques et les projets culturels, comme si son objectif premier était de développer l'artiste potentiel qui sommeillerait en chaque élève, plutôt que de lui donner les bases historiques lui permettant d'*apprendre à voir* les œuvres d'art. Une autre réticence venait des historiens d'art eux-mêmes, dans leur grande majorité, inquiets des risques d'une transposition imparfaite ou réductrice de leur discipline en milieu scolaire. Ce qui allait de soi en Italie, où l'histoire de l'art était enseignée dans les écoles depuis plus d'un siècle, était d'évidence moins naturel en France...

Ces réserves semblent aujourd'hui surmontées, du moins sur les grands principes. Chacun s'accorde sur l'intérêt de familiariser les écoliers aux œuvres d'art, et d'aiguiser ainsi leur capacité à juger et à hiérarchiser. Chacun devrait aussi comprendre l'avantage décisif tiré du caractère généralisé et obligatoire de cet enseignement : bien conduit, l'apprentissage de l'histoire des arts à l'école fabriquera de jeunes citoyens mieux avertis de leur patrimoine artistique commun ; ouvert sur les arts non occidentaux, il favorisera leur compréhension du monde qui les entoure.

Cependant, beaucoup reste encore à faire pour répondre à ces belles promesses. Je passe rapidement sur la querelle terminologique, l'Éducation nationale ayant opté pour une *histoire des arts* au pluriel, permettant d'embrasser un spectre particulièrement large (des arts plastiques jusqu'à la musique, en passant par les arts des jardins et les marionnettes) dans lequel les historiens d'art ne se reconnaissent pas toujours. D'autres questions semblent plus cruciales. L'histoire de l'art à l'école est enseignée par des professeurs (au collège, généralement le professeur de français ou le professeur d'histoire) dont l'immense majorité n'est pas formée aux exigences de la discipline. Des propositions ont été avancées dans ce domaine, certaines très ambitieuses (créer une agrégation ou un Capes d'histoire de l'art), d'autres plus pragmatiques (faire former les professeurs par des enseignants qualifiés). Les programmes et les supports d'enseignement sont également largement perfectibles. Ces trois champs (formation des enseignants, programmes, supports de cours) devraient être mieux investis par la communauté scientifique des historiens d'art, sous l'égide d'une collaboration renforcée entre les deux ministères, dont la complémentarité est évidente : la Culture a besoin de l'Éducation nationale pour valoriser le savoir et structurer son apprentissage, tandis que l'Éducation nationale a besoin de la Culture pour ne pas réduire l'histoire de l'art au rang d'une simple division de l'histoire, ce qu'elle n'est pas. Des initiatives existent : le Festival d'histoire de l'art, qui se tient chaque année à Fontainebleau à l'initiative du ministère de la Culture et recueille un certain succès public, est désormais doublé d'une Université de printemps, destinée aux enseignants et organisée avec l'Éducation nationale. Il faut approfondir ce type d'échanges.

Il y a une trentaine d'années, le plus éminent des historiens d'art français, André Chastel, avait remis au Premier ministre de l'époque, Pierre Mauroy, un rapport qui préfigurait le futur Institut national d'histoire de l'art et définissait trois axes de développement : la rénovation de la bibliothèque Jacques-Doucet, la coordination de la recherche dans un même lieu, la diffusion et le rayonnement de l'histoire de l'art en France et à l'étranger. Ces objectifs sont en bonne partie atteints ou en voie de l'être. Veiller à la consistance et à la qualité de l'enseignement de l'histoire de l'art à l'école devrait constituer un quatrième pilier, une priorité pour aujourd'hui et pour demain.

INALIÉNABILITÉ

Pour une remise en question

L'interdiction faite aux musées de vendre des œuvres appartenant aux collections publiques, connue sous le nom d'inaliénabilité, est l'un des plus inaltérables principes de la politique des musées en France.

Dans ce domaine, conservateurs de musées, responsables d'institutions et dirigeants politiques de tous bords parlent d'une seule et même voix pour défendre le *statu quo*. De la mission conduite en 2008 par le regretté Jacques Rigaud à un rapport de l'Assemblée nationale fin 2014, les motifs avancés sont toujours les mêmes : s'autoriser à vendre, ce serait prendre le risque de se séparer d'œuvres jugées dans l'instant mineures, mais que le temps pourrait révéler plus tard comme majeures ; ce serait affaiblir le patrimoine national et s'exposer en période budgétaire difficile au danger d'une réduction des crédits d'acquisition des musées imposée par Bercy ; ce serait confronter les institutions aux affres du marché de l'art ; et de toute manière, à quoi bon, puisque cela conduirait à ne vendre que les œuvres sans grande valeur financière ? Non sans mauvaise foi, on fait également valoir que le déclassement (et donc l'aliénation) des œuvres des collections publiques est possible dans le cadre de la procédure instituée par la loi sur les musées du 3 janvier 2002, en faisant semblant d'oublier que cette procédure est d'une grande lourdeur et n'a été utilisée que dans de rares cas de restitution d'œuvres à des États étrangers. Récemment encore, le ministère de la Culture a même trouvé une occasion de proposer au Parlement d'étendre le sacro-saint principe aux œuvres des FRAC, propriété d'organismes de statut privé, mais désormais protégées par les mêmes fils barbelés : inaliénables !

Alors que j'ai moi-même longtemps travaillé dans un musée, au contact des conservateurs, aucun de ces arguments ne m'a jamais pleinement convaincu. Je me suis au contraire toujours demandé pourquoi nos musées s'interdisaient obstinément de pouvoir, sur une base volontaire, se séparer de certaines œuvres, soit parce que les artistes concernés sont déjà largement présents dans les collections, soit parce qu'elles ne sont ni montrées ni prêtées ni même correctement documentées, soit tout simplement parce qu'à un moment donné leur cession pourrait permettre de dégager des moyens supplémentaires pour acquérir d'autres œuvres, plus importantes ou qui feraient défaut aux collections nationales.

Pourquoi de ce point de vue ignorer l'usage raisonnable et dynamique que certaines grandes institutions américaines comme le Museum of Modern Art ou le Metropolitan Museum de New York (pourtant dirigés par des historiens de l'art, et non par des dangereux technocrates !) font de la faculté de vendre de temps à autre une de leurs œuvres pour réunir les fonds nécessaires à des acquisitions jugées plus importantes pour l'équilibre ou la richesse de leurs collections ? Comment ne pas observer que des fondations à but non lucratif, en France comme à l'étranger, dirigées par des conservateurs ou des historiens de l'art renommés, usent également avec intelligence de cette possibilité ?

Bien évidemment, si on devait envisager une évolution des pratiques en vigueur en France, il conviendrait de le faire sous certaines conditions. À l'image des lignes directrices dont sont dotés les musées américains pour encadrer le recours au *deaccessioning*, il faudrait prévoir que seule une commission composée de conservateurs du musée, d'historiens de l'art et de personnalités qualifiées pourrait se prononcer pour décider de la vente d'une œuvre ; il faudrait décréter que seules les œuvres entrées depuis plus de cinquante ans dans les collections du musée pourraient être cédées afin de réduire les risques liés à une cession trop peu de temps après l'achat, et s'interdire de vendre des œuvres issues de donations, sauf stipulation contraire du donateur ; et il faudrait naturellement que l'usage des sommes récoltées ne serve exclusivement qu'à l'acquisition d'autres œuvres. Si on veut procéder par étapes, on pourrait enfin envisager de lancer, dans un premier temps, une expérimentation dans l'un de nos grands musées nationaux, qui, pour quelques années, pourrait se voir donner la possibilité de procéder à des ventes d'œuvres de sa collection.

Et on verrait bien alors s'il y a là une voie à explorer pour l'avenir.

Dans ce domaine comme dans d'autres, je pense que le ministère et les grands musées français gagneraient à organiser et à encadrer eux-mêmes une évolution que l'on pressent comme inéluctable, plutôt que de se la laisser imposer un jour par d'autres, pour de mauvais prétextes.

INTERMITTENTS

Du courage en politique

Je me souviens parfaitement de ce mois de juillet 2003, lorsque les festivals de l'été, en commençant par Aix-en-Provence et Avignon, furent annulés à la suite du mouvement des intermittents du spectacle.

J'étais alors directeur de cabinet de Jean-Jacques Aillagon, ministre de la Culture et de la Communication, témoin et acteur des événements qui se succédaient : la signature fin juin d'un accord modifiant les annexes 8 et 10 de la convention d'assurance chômage de l'Unedic (dispositions spécifiques aux artistes et techniciens du spectacle et de l'audiovisuel) par les partenaires sociaux, en l'occurrence les représentants des employeurs et, côté salariés, la CFDT, la CFTC et la CGC ; la colère des intermittents et les premières manifestations ; nos efforts en coulisses pour faire améliorer l'accord initial ; la signature début juillet d'un avenant dont nous avons brièvement espéré qu'il permettrait d'apaiser les tensions et de sauver la saison des festivals ; nos tentatives d'explication face aux médias ; les nombreuses réunions avec les syndicats non signataires, notamment la CGT, eux-mêmes rapidement débordés par la base des intermittents ; l'isolement croissant du ministre et de son équipe ; la difficulté des mois qui suivirent, jusqu'au remaniement gouvernemental d'avril 2004 dont Jean-Jacques Aillagon fut l'une des principales victimes.

Dans cette longue séquence, les annulations des festivals de l'été 2003 furent naturellement l'événement le plus cruel, pour le public, pour les artistes et les techniciens, et pour le ministre lui-même. Un traumatisme.

Où en sommes-nous aujourd'hui ? D'innombrables rapports d'experts se sont penchés sur le régime de l'intermittence. Mais sur le fond, peu de choses ont changé. Le nombre d'allocataires ne cesse de croître (9 000 en 1980, 123 000 en 2002, plus de 130 000 désormais) et la durée moyenne des périodes travaillées de se réduire, creusant mécaniquement le déficit du régime, qui est d'environ 1 milliard d'euros par an. Une partie de ces dérives provient d'abus, notamment de la part de certaines sociétés de production audiovisuelle, qui emploient des intermittents sur des postes permanents. Ce déficit pèse lourdement sur les comptes de l'Unedic, ce qui conduit certains partenaires sociaux gestionnaires (notamment le Medef et la CFDT) à vouloir durcir les modalités de calcul et de déclenchement des allocations. Les représentants des intermittents contestent vigoureusement le chiffrage du déficit, dénoncent la précarité croissante des artistes et techniciens et font leurs propres propositions de réforme. L'État est quant à lui dans une situation ambiguë : en théorie, le sujet relève des seuls partenaires sociaux ; mais le régime des intermittents apporte une contribution déterminante au financement des activités et de l'emploi dans les secteurs de la culture et de l'audiovisuel. Et les intermittents ont pris l'habitude de s'adresser directement au niveau politique, en brandissant la menace de l'annulation des festivals.

Une nouvelle négociation entre partenaires sociaux a eu lieu au printemps 2016. En apparence, le dénouement en fut heureux : pour la première fois, un compromis a d'abord été trouvé au niveau des organisations syndicales de terrain. Mais il ne respectait pas le cadre financier imposé par les partenaires sociaux interprofessionnels au niveau de l'Unedic. Que pensez-vous que fit le gouvernement ? Il indiqua immédiatement que l'État compenserait la différence, de l'ordre d'une centaine de millions d'euros, *via* la pérennisation d'un fonds de soutien et le financement direct de certaines dépenses du régime d'assurance-chômage. Cette implication de l'État n'avait d'autre but que d'éviter une nouvelle explosion pendant la saison des festivals. Mais voilà qu'elle ne fait pas l'unanimité chez les intermittents, qui en critiquent le caractère circonstanciel et soulignent les risques de remise en question à l'occasion d'un changement de majorité politique. Et le Premier ministre semble lui-même reconnaître le caractère provisoire de l'arrangement, en déclarant qu'« il fallait d'abord répondre à l'urgence et ensuite se battre pour des choix de société en 2017 ».

Ainsi, nul besoin d'être grand clerc pour prédire que le dossier de l'intermittence reviendra bientôt sur le devant de la scène, peut-être à l'occasion des échéances électorales de 2017. Chacun des grands candidats plaidera sans doute pour le maintien du régime et l'amélioration de son fonctionnement.

Mais si l'on veut éviter de poursuivre la gestion erratique de ce mistigri de la politique culturelle et sociale française, il faut être plus courageux et commencer par poser avec fermeté les termes de toute discussion future. Équité et responsabilité sont les deux principes qui doivent guider le gouvernement.

Équité : il est légitime et nécessaire de défendre la singularité du régime de l'intermittence, un dispositif unique au monde, bien adapté aux modes d'activité dans le secteur du spectacle et de l'audiovisuel. Mais la contribution de la solidarité collective à ce régime doit être mesurée au regard des efforts demandés aux autres branches professionnelles, dans une période où le chômage frappe un nombre important de nos concitoyens. Le gouvernement doit donc soutenir l'Unedic afin de ramener progressivement le déficit des annexes 8 et 10 à un niveau plus acceptable. Réduire ce déficit d'un tiers dans les cinq années à venir n'est pas impossible, notamment si une action coordonnée est conduite pour limiter les pratiques abusives : l'actuel gouvernement a enjoint les gestionnaires des branches professionnelles de « faire le ménage » parmi les listes d'emplois pouvant ouvrir droit aux contrats d'intermittents. Il faut aller plus loin, par exemple en incitant les partenaires sociaux à s'inspirer de l'idée de Pierre-Michel Menger, professeur au Collège de France, qui suggère de responsabiliser les employeurs en faisant cotiser davantage ceux recourant le plus aux intermittents. Il conviendrait aussi d'explorer une différenciation des règles applicables respectivement aux artistes et aux techniciens, ces derniers étant les principaux bénéficiaires du régime avec des niveaux d'allocations en moyenne plus élevés.

Responsabilité : dans ce débat entre partenaires sociaux et intermittents, arbitré par l'État, on aimerait que les discussions puissent se dérouler dans une ambiance différente de celle qui prévaut depuis une quinzaine d'années. La menace d'une annulation des festivals, la prise en otage du public, les invectives, voire les intimidations (on se souvient de ces ministres désignés comme *personae non gratae* au festival d'Avignon), sont des pratiques intolérables.

De cet été 2003, je me souviens aussi de la magnifique lettre ouverte de Patrice Chéreau, l'un des rares avec Ariane Mnouchkine, à oser prendre parti contre les annulations et à affirmer qu'il doit « y avoir un peu de place pour une autre parole que celle qui veut l'annulation de tout projet, de tout spectacle ». On aimerait que porte enfin la voix de ce grand artiste, qui était aussi un homme courageux.

ISF

Un vieux serpent de mer

Presque chaque automne, au moment de la discussion de la loi de finances, resurgit un vieux serpent de mer de la politique française : l'intégration des œuvres d'art dans le calcul de l'impôt de solidarité sur la fortune.

En général, la proposition vient sous la forme d'un amendement parlementaire, de droite ou de gauche, et recueille spontanément la sympathie de nombreux députés et sénateurs. En général également, le gouvernement, de droite ou de gauche, monte au créneau pour rappeler avec force l'incongruité d'une remise en question de l'exclusion des œuvres d'art de l'assiette de l'ISF. *In fine*, la proposition a toujours été écartée. Mais, comme ses partisans ne désarment jamais totalement, il n'est pas inutile de rappeler une nouvelle fois les arguments qui font qu'il est impératif de laisser les œuvres d'art hors du calcul de cet impôt.

Inclure les œuvres d'art dans le patrimoine taxable à l'ISF conduirait tout d'abord à un inexorable affaiblissement du patrimoine artistique national, en incitant leurs propriétaires à s'en séparer ou en les faisant fuir vers des cieux plus cléments, notamment la Belgique, la Suisse, ou le Royaume-Uni. À terme, l'enrichissement des musées français en pièces majeures, qui repose fortement sur le dispositif de la dation (qui permet le paiement de certains impôts en nature, sous forme d'œuvres d'art) et sur les donations des particuliers, serait fragilisé. Il en irait de même des prêts d'œuvres aux expositions temporaires par les collectionneurs français, dont la suspicion et la crainte du contrôle seraient renforcées. Tout un pan de la politique culturelle française de ces dernières années, qui vise à mieux reconnaître les collectionneurs et les donateurs d'œuvres d'art, et à faire appel à leur générosité, serait instantanément mis à mal.

Le coup porté au marché de l'art français serait tout aussi rude, alors même que, depuis quelques années, des signes timides de reprise ont été enregistrés et encouragés par les pouvoirs publics. L'équilibre déjà précaire des prélèvements en vigueur lors de l'achat et de la vente d'œuvres d'art en France (taxation des plus-values de cession d'œuvres d'art, taxe sur la valeur ajoutée lors de l'importation d'œuvres d'art en Europe, droit de suite appliqué aux ventes d'œuvres d'artistes vivants ou morts depuis moins de soixante-dix ans...) serait remis en question. L'achat d'œuvres d'art ne présente en effet ni la sûreté de long terme d'une acquisition immobilière (les études économiques les plus sérieuses montrent que, dans la durée, l'acquisition d'une œuvre d'art présente une faible rentabilité financière), ni l'avantage de produire chaque année des intérêts comme n'importe quel placement financier. Bien que difficile à quantifier, l'impact négatif sur les acheteurs français d'œuvres d'art serait donc certain, dans un contexte déjà marqué par l'érosion régulière de notre marché de l'art depuis plusieurs décennies et par le renforcement de la concurrence internationale, notamment asiatique. Et ne parlons pas de l'effet psychologique, qui accréditerait une nouvelle fois l'idée tenace qu'en France tout est plus compliqué et plus taxé qu'ailleurs.

Enfin, la mise en œuvre de la mesure serait très délicate, et son rendement financier particulièrement faible. L'évaluation de la valeur d'une œuvre d'art est un exercice complexe, du fait du caractère par essence unique de chaque œuvre et de la forte variabilité de l'évolution des cotes. Il y a quelques années, lors d'une énième tentative d'élargissement de la base taxable de l'ISF aux œuvres d'art, le rendement de la mesure avait été évalué à quelques dizaines de millions d'euros, soit environ 1 ou 2 % du poids de l'ISF. Ce gain pour les finances publiques serait largement contrebalancé par les conséquences économiques et culturelles funestes de la mesure.

Pour toutes ces raisons, et en attendant peut-être une réforme d'envergure qui rebattrait les cartes de la fiscalité française, il est impératif de continuer à repousser toute idée d'inclusion des œuvres d'art dans le calcul de l'ISF, une mesure incohérente et, surtout, dangereuse pour le rayonnement du patrimoine et de la création de notre pays.

JACK, JACQUES, JEAN-JACQUES

Essai de portrait-robot

Le remplacement en début d'année 2016 de Fleur Pellerin par Audrey Azoulay et les déclarations amères de la première faisant état de divergences de fond avec le président de la République sur la conception même de la politique culturelle ont posé une nouvelle fois la question des conditions requises pour qu'un ministre de la Culture puisse réussir sa mission. L'expérience de quelques ministres pour qui j'ai travaillé de plus ou moins près illustrera le propos.

Jack Lang fut ministre de la Culture de mai 1981 à mars 1986, puis de mai 1988 à mars 1993. Il confia en 1992 un rapport de réflexion et de propositions sur le cinéma français à Jean-Paul Cluzel, avec qui je fis équipe pour ce travail, ce qui me permit de faire mes premiers pas rue de Valois et d'observer de près l'assise impressionnante dont bénéficiait alors le ministre. Durant ses dix années de « règne », l'action de Jack

Lang s'est déployée dans de très nombreux domaines : construction de grands équipements, augmentation du nombre de monuments historiques classés, ouverture du ministère à d'autres formes artistiques (chanson, rock, cirque, arts de la rue...), renforcement des directions régionales des affaires culturelles, décentralisation, création des FRAC, relance de la commande publique, lancement de manifestations populaires (Fête de la musique, Fête du cinéma, Journées du patrimoine, etc.), développement de l'éducation artistique à l'école, création des Sofica, prix unique du livre, ouverture du secteur audiovisuel, etc.

Si Jack Lang put conduire sa mission de manière si constante et si marquante, c'est qu'il bénéficia de deux atouts essentiels : l'inscription de la culture au cœur du projet politique des gouvernements de l'époque, qui lui permit notamment de bénéficier immédiatement d'un doublement du budget du ministère ; et la confiance totale du président de la République, François Mitterrand, qui lui offrit ce qui est, dans toute action politique, un allié précieux : le temps. Sa politique tous azimuts a eu son revers : elle a popularisé l'idée que « tout est culturel ». Ce concept dangereux a conduit le ministère à se mêler de tout et fait courir le risque d'une dilution de la culture dans le champ du divertissement.

Jacques Toubon succéda à Jack Lang, et fut ministre de la Culture et de la Francophonie de mars 1993 à mai 1995. Peu après son arrivée, il pressentit Hugues Gall pour prendre la direction de l'Opéra de Paris, et je fus désigné pour participer à un travail d'audit préalable à l'entrée en fonction du futur directeur. Jacques Toubon imprima sa marque personnelle rue de Valois avec subtilité, tout en préservant les acquis des années Lang (comme Jack Lang lui-même avait consolidé l'héritage de ses prédécesseurs, notamment André Malraux). C'est sous son autorité que certains grands établissements, notamment le Louvre et le château de Versailles, furent dotés d'une plus large autonomie de gestion. Au plan international, il fut un défenseur acharné de l'exception culturelle. J'admire chez Jacques Toubon son inlassable curiosité et la passion sincère qu'il nourrit pour la création contemporaine. Il y a quelques années, j'ai eu le plaisir de retravailler avec lui à l'occasion d'un rapport sur les contenus culturels sur Internet et j'ai constaté à quel point il restait parfaitement informé sur ces sujets. Bien que désormais accaparé par sa fonction de Défenseur des droits, il continue toujours de fréquenter avec assiduité les galeries parisiennes.

À partir de 1996, j'eus le privilège de travailler pendant sept ans sous l'autorité de Jean-Jacques Aillagon, d'abord en tant que directeur général du Centre Pompidou alors qu'il en était président, puis en étant son directeur de cabinet rue de Valois entre mai 2002 et mars 2004. Ce qui impressionne le plus chez lui, c'est d'abord sa très large culture, qui embrasse tout aussi bien le patrimoine que la création contemporaine, et sa connaissance parfaite des enjeux de la politique culturelle : de tous les ministres qui se sont succédé rue de Valois depuis trente ans, il est le seul dont le parcours s'est continûment déroulé dans le domaine de la culture. À son arrivée au ministère, il avait donc une vision extrêmement claire des mesures à mettre en place. Cela nous permit notamment, en peu de temps, de faire adopter la loi sur le mécénat qui porte son nom, de relancer la décentralisation culturelle, de prendre la décision d'ouvrir en région des antennes du Centre Pompidou et du Louvre, de renforcer l'autonomie des grands établissements culturels, de donner une nouvelle impulsion à la Cinémathèque française…

Vision, empathie et durée : tels sont les ingrédients indispensables pour réussir dans ce ministère si difficile, où le titulaire du poste doit à la fois maîtriser ses dossiers, diriger son administration et défendre son budget, comme dans tout ministère, mais aussi passionnément aimer le contact avec les créateurs et être habité par sa mission.

Les configurations qui nous ont été offertes ces dernières années n'ont que rarement répondu à ces exigences. Les ministres qui se sont succédé ne manquaient ni de compétences, ni d'idées, ni de volonté, et leur bilan fut souvent honorable. Mais un petit nombre parmi eux était réellement préparé à la fonction, et aucun n'a eu la chance de rester rue de Valois plus de trois ans, le rythme étant passé depuis Jack Lang de deux quinquennats par ministre à trois ministres par quinquennat. Surtout, les gouvernements dans lesquels ils évoluaient ne faisaient pas de la culture un sujet central, à l'image du débat télévisé de l'entre-deux-tours de l'élection présidentielle en 2012, au cours duquel le mot culture ne fut jamais prononcé. Espérons qu'il en ira différemment dans la perspective des élections de 2017, et après.

LIBRAIRIES

Un exemple à suivre

La France dispose d'un réseau de librairies parmi les plus étoffés au monde : environ 25 000 points de vente ont une activité de vente de livres significative, et parmi eux plus de 3 000 sont des librairies indépendantes. Cette densité a des effets bénéfiques pour toute la chaîne du livre. Les libraires ont un rôle de conseil et d'accompagnement des lecteurs ; ils favorisent la découverte de nouveaux auteurs, la diversité des éditeurs et des titres offerts.

La situation de la librairie est fragile. Le contexte est difficile : les ventes de livres sont en baisse, accompagnant une érosion régulière des pratiques de lecture, et la vente en ligne s'est développée, pesant aujourd'hui environ 13 % du marché (dont les deux tiers probablement attribuables à Amazon). La librairie est aussi l'un des commerces de détail les moins rentables : le résultat net y est en moyenne inférieur à 1 %, notamment du fait des charges de personnel et de loyer. De nombreuses librairies connaissent des tensions récurrentes de trésorerie. La situation est souvent critique pour les plus petites d'entre elles, celles qui reposent sur un ou deux salariés, et dont le chiffre d'affaires est inférieur à 300 000 euros par an.

Malgré tout, les librairies résistent, et leur nombre se maintient à peu près au fil des ans. La passion que mettent les libraires dans leur métier n'y est pas pour rien. Au-delà de cette dimension, trois particularités expliquent la résilience de ce secteur d'activité.

La première, fondamentale, repose sur le prix unique du livre, instauré en France en 1981. Dans les pays où il n'existe pas, comme au Royaume-Uni qui l'a supprimé en 1995, le tissu de librairies s'est disloqué, avec des incidences négatives sur la diversité éditoriale et les prix des livres. Le soutien public ne se limite pas à cette seule disposition et recourt à une palette de mesures de régulation (interdiction du rabais de 5 % en cas de vente en ligne, installation récente d'un Médiateur du livre), d'avantages fiscaux (TVA à taux réduit, possibilité d'exonération de la contribution économique territoriale), et de dispositifs financiers (aides du Centre national du livre, avances remboursables et garanties, etc.). Un relèvement des seuils des marchés publics pour les commandes de livres a été adopté récemment, pour rendre plus facile l'accès aux commandes des bibliothèques, une source d'activité vitale pour les librairies.

Un deuxième enjeu tient à la capacité des libraires à faire face aux mutations de leur activité. L'attractivité des points de vente, la qualité de l'accueil et du conseil, les initiatives d'animation culturelle prises par certaines librairies, sont des aspects essentiels, comme l'est également l'amélioration de la rentabilité *via* une meilleure gestion des stocks et de la trésorerie. À cette fin, le Syndicat de la librairie française tout comme des associations de libraires au plan local ont mis en place des systèmes d'observation et de partage des bonnes pratiques. Les libraires prennent aussi des initiatives communes : les plateformes Leslibraires.fr et Placedeslibraires.fr développent ainsi des sites Internet pour les libraires et offrent aux clients des fonctionnalités mutualisées (possibilité de trouver le titre que l'on recherche en interrogeant à distance le stock des libraires, possibilité de réservation en magasin, d'expédition à domicile ou d'achat numérique). Le trafic de ces sites reste encore minime, mais l'effort pour associer la technologie et le service de proximité est méritoire.

Un troisième paramètre a trait au fonctionnement de la filière du livre, de l'éditeur jusqu'au libraire. Les tensions y sont réelles. Malgré des améliorations obtenues il y a quelques années, les libraires indépendants déplorent de se voir appliquer par les éditeurs des conditions moins favorables que celles octroyées aux acteurs de la grande distribution spécialisée ou alimentaire. Mais des formes de solidarité originales existent également : je ne connais pas d'autre secteur culturel où l'un des acteurs de la filière (en l'occurrence certains éditeurs de littérature générale comme Minuit, Seuil, La Découverte, Gallimard…) a volontairement mis en place au profit d'un autre (les librairies indépendantes) une structure (l'Adelc, Association pour le développement de la librairie de création) destinée à l'aider pour ses projets d'agrandissement, de rénovation ou de transmission. Principalement alimentée par les cotisations des éditeurs, l'Adelc a soutenu 500 librairies, souvent de façon décisive, depuis sa création en 1988.

En définitive, l'exemple de la librairie est intéressant à double titre. Il légitime la politique culturelle à la française, basée sur le rôle régulateur de l'État. Il montre également comment un secteur culturel en difficulté peut malgré tout résister dès lors que les pouvoirs publics et les professionnels, et les professionnels entre eux, conjuguent ensemble leurs efforts. Un exemple à suivre.

MÉCÉNAT

Pour un acte deux

Le développement du mécénat est un sujet qui me tient à cœur. Il y a en France, par tradition, le sentiment que l'intérêt général ne s'incarne qu'à travers l'intervention de la puissance publique. Cette idée était sans doute encore plus fortement ancrée dans le domaine de la politique culturelle. Je crois au contraire que les particuliers et les entreprises peuvent et doivent contribuer aux projets culturels, pas seulement pour leur apporter plus d'aisance financière, mais parce que leur adhésion à ces projets est bénéfique en soi, contribuant à briser la barrière absurde que l'on érige si souvent entre secteur privé et secteur public, et favorisant l'expression d'un certain vivre-ensemble.

La loi sur les musées du 4 janvier 2002 défendue par Catherine Tasca puis, naturellement, la loi Aillagon du 1er août 2003, deux textes auxquels j'avais eu l'honneur de travailler, ont doté la France d'un des régimes les plus attractifs au monde en matière de mécénat.

Ils ont permis son essor spectaculaire. Le mécénat des entreprises a ainsi bondi de 150 millions d'euros en 2004 à 1 200 millions en 2012, dont un quart environ pour le seul secteur culturel. Le nombre de fondations a doublé au cours de la même période.

Depuis quelques années, on observe cependant un certain tassement du mécénat culturel. Selon les données d'Admical, organisme spécialisé dans le suivi et l'accompagnement du mécénat des entreprises, environ 15 % des sommes versées par les entreprises au titre du mécénat en 2015 sont allées vers des projets culturels, soit une proportion nettement moindre que quatre années auparavant. Pour une partie, cette baisse résulte sans doute de raisons conjoncturelles. Mais elle est aussi le fait de mutations plus profondes.

Tout d'abord, l'attitude des établissements culturels à l'égard du mécénat a changé. Naguère perçu comme un simple complément des financements publics, le mécénat est progressivement devenu une nécessité, une ressource souvent décisive pour le déploiement des projets de ces établissements. Les difficultés budgétaires de l'État et des collectivités locales ont conduit les musées, les ensembles musicaux, les festivals, à solliciter plus massivement les entreprises et les particuliers. La recherche de mécénat est tout à la fois plus professionnelle et plus inventive, mais aussi plus concurrentielle. Au risque du trop-plein, il n'est plus un grand établissement qui n'organise chaque année son dîner destiné à lever des fonds pour financer une acquisition ou une manifestation. L'attitude des directeurs et des conservateurs de musée à l'égard des potentiels donateurs ou mécènes a évolué vers davantage de considération, même si des progrès doivent encore être accomplis dans ce domaine. La dépendance croissante à l'égard de financements privés risque-t-elle de faire dériver la programmation des établissements culturels vers des contenus ou des sujets qui correspondraient mieux aux attentes des sponsors ? Il s'agit évidemment d'un risque réel, même s'il a jusqu'à présent été bien maîtrisé. Un test surviendra un jour ou l'autre, lorsqu'une entreprise conditionnera son apport financier au « nommage » d'un lieu culturel, à l'image de la pratique en vigueur pour les stades, et de ce que la National Gallery de Londres a accepté avec l'aile Sainsbury.

De la part des mécènes, les aspirations ont également évolué. Pour les entreprises, le but est devenu davantage que la simple obtention de contreparties en échange d'un soutien financier. Beaucoup cherchent à donner un sens plus profond à leur geste, par exemple en veillant à impliquer leurs salariés, ou en maîtrisant plus directement leur intervention – ce qui explique que nombre d'entre elles se soient lancées dans la création de fondations. Pour les entreprises comme pour les particuliers, le succès des fonds de dotation illustre la même tendance, celle d'un désir d'être acteur engagé de sa générosité.

Face à ces évolutions, les décideurs publics ne doivent pas rester inactifs. Ces dernières années, les efforts des ministres de la Culture successifs ont surtout été consacrés à la défense des dispositions existantes en faveur du mécénat, davantage qu'à la réflexion sur les moyens de les améliorer ou de les compléter. Pourquoi ne pas réfléchir, dans un contexte où l'argent public fait défaut, aux moyens de donner une nouvelle impulsion à la générosité privée ? Beaucoup ayant été fait en direction des entreprises, sans doute faudra-t-il plutôt s'intéresser à la manière de stimuler la philanthropie des particuliers. Cela passe d'abord par un état d'esprit : la considération et l'attention portées aux donateurs comptent toujours pour beaucoup dans leur décision de donner. Certaines mesures peuvent également aider. Notons par exemple la proposition audacieuse de Claude Bébéar et de l'Institut Montaigne, qui suggèrent de modifier le droit des successions pour favoriser les donations, ou encore celle qui consisterait à permettre à chaque contribuable d'allouer directement une fraction de son impôt au financement d'une cause d'intérêt général, selon le principe de l'impôt choisi.

Je plaide pour ma part pour une mesure simple et symbolique : étendre aux particuliers le bénéfice du dispositif applicable aux trésors nationaux (qui offre une réduction d'impôt de 90 %, mais pour le moment réservée aux seules entreprises). Le succès obtenu lors de campagnes ponctuelles, par exemple par le Louvre en 2010 pour l'achat des *Trois Grâces* de Lucas Cranach (7 200 donateurs individuels en trois mois), combiné aux facilités offertes par le *crowdfunding*, me fait penser qu'il y a là une piste intéressante à explorer, particulièrement bien adaptée au financement d'acquisitions majeures par nos musées, ou d'actions de restauration de grands monuments nationaux.

MINISTÈRE

Une crise d'identité

Depuis plusieurs années, le ministère de la Culture et de la Communication traverse une période de difficultés et de doutes, à plusieurs niveaux.

Sur le plan des moyens, il est confronté à un effet de ciseaux : d'un côté, des dépenses de fonctionnement croissantes et une logique de reconduction des subventions d'intervention ; de l'autre, une dotation budgétaire qui, au mieux, stagne. Il en résulte une absence quasi-totale de marge de manœuvre pour soutenir de nouvelles initiatives, et une situation proche de l'asphyxie financière.

L'organisation du ministère est devenue tout à la fois trop centralisée, alors que les grands établissements (Louvre, Versailles, Opéra de Paris, Centre Pompidou, RMN-Grand Palais...) ont gagné en autonomie et en rayonnement et que les collectivités territoriales se sont affirmées comme des acteurs de premier plan de la politique culturelle, et moins opérationnelle depuis que les réformes liées à la modernisation de l'État ont dilué les anciennes directions sectorielles dans des entités administratives plus larges.

Plus inquiétant encore, le ministère peine à affirmer son projet politique. Patrimoine et création restent naturellement deux piliers immuables, mais sur le mode de la continuation mécanique de l'existant, et non comme illustration d'une réflexion volontariste et cohérente. Ces dernières années, l'accent a également été mis sur l'impératif de démocratisation culturelle, servi par un discours offensif sur le thème de l'éducation artistique. Mais, dans ce domaine, ni les objectifs visés, ni les moyens déployés ne sont à la hauteur des ambitions, pas plus que ne le sont les résultats obtenus.

Ainsi sont réunis les ingrédients d'une profonde crise d'identité, d'aucuns allant même jusqu'à s'interroger sur le bien-fondé de l'existence du ministère de la Culture. C'est en réalité à une refondation qu'il faudrait se livrer. Comme il semble illusoire de miser sur une augmentation sensible des moyens financiers, diminution du déficit budgétaire oblige, les principaux efforts devront donc porter sur le projet politique et sur l'organisation.

Un nouveau projet : en faisant le choix d'une stratégie plus sélective, qui assume des priorités et leur donne une déclinaison plus lisible. Parmi les axes à privilégier :

remettre le patrimoine historique, dont l'état est souvent préoccupant, au centre des préoccupations dans le cadre d'un plan d'action pluriannuel ; dans le domaine de la création, agir là où ni les collectivités locales ni le marché ne peuvent aller – c'est-à-dire vers les formes les plus innovantes et les plus exigeantes – et privilégier l'action sur l'environnement et les moyens mis à la disposition des artistes, davantage que les subventions directes ou les achats d'œuvres par l'État ; en matière de démocratisation culturelle, mettre fin au saupoudrage des subventions et orienter les actions vers trois directions : la qualité de l'enseignement de l'histoire de l'art au collège, le soutien aux apprentissages artistiques hors du temps scolaire, et l'aide aux projets menés dans les quartiers de la politique de la ville.

Une nouvelle organisation : en allégeant la structure du ministère pour lui permettre de se focaliser sur son rôle d'orientation stratégique et d'impulsion. Une plus grande autonomie juridique et financière doit être donnée aux établissements sous tutelle du ministère (grands musées, théâtres nationaux), avec pour contrepartie l'obligation pour ces établissements d'inscrire leurs actions dans le cadre des orientations pluriannuelles définies par le ministre, et de faire preuve de responsabilité et d'inventivité dans la gestion des moyens budgétaires et humains que l'État leur confie. De la même manière, la montée en puissance des collectivités locales dans la mise en œuvre de la politique culturelle devra être favorisée grâce à des transferts de compétences et de moyens. Cela ne signifie pas l'effacement de l'intervention locale de l'État en matière culturelle, mais doit au contraire lui offrir la possibilité de concentrer ses actions sur les projets majeurs, ceux qui revêtent une dimension d'intérêt national. Le ministère devrait aussi encourager et mieux reconnaître les initiatives privées, création de fondations, donations, générosité des particuliers et des entreprises.

Enfin, il est impératif que le ministère de la Culture redevienne le lieu de l'imagination, de l'expérimentation et de l'encouragement de nouveaux projets. L'expérience du Conseil de la création artistique, animé entre 2009 et 2011 par Marin Karmitz, doit être méditée : il était certes anormal que cette structure, créée à l'initiative du président de la République d'alors, échappât à l'autorité du ministre de la Culture, au risque de le concurrencer. Mais le principe d'une « boîte à idées », structure placée directement auprès du ministre, libérée des lourdeurs administratives, chargée d'imaginer et de mettre en œuvre des projets artistiques ou culturels dans des délais rapides, fait sens et mériterait d'être reconsidéré.

NOMINATIONS

Une question d'autorité

Le pouvoir de nomination est pour tout ministre de la Culture l'un des leviers essentiels pour mettre en œuvre sa politique et imprimer sa marque. Cette prérogative s'exerce à plusieurs niveaux.

Au sein de l'administration centrale du ministère sont notamment concernés le poste de secrétaire général et les trois postes de directeurs généraux (patrimoines, création, médias et industries culturelles). Nommés par décret en conseil des ministres sur proposition du ministre de la Culture, sans durée de mandat et révocables *ad nutum*, ces postes ont désormais un fort contenu administratif et gestionnaire. C'est ce qui explique que leurs titulaires sont en général des hauts fonctionnaires ou des professionnels expérimentés de l'administration culturelle. On ne reverra sans doute plus à la tête des grandes directions du ministère des profils artistiques comme ceux de Marcel Landowski, compositeur et directeur de la musique, de l'art lyrique et de la danse de 1966 à 1975, ou de Robert

Abirached, homme de lettres et directeur du théâtre et des spectacles de 1981 à 1988. Il importe donc de veiller à ce que les politiques sectorielles (je pense notamment à l'architecture, aux arts plastiques, à la musique, à la danse, etc.) restent fortement identifiées dans les strates inférieures de l'organisation ministérielle, de manière à ce que le ministère de la Culture ne devienne pas simplement le ministère de l'Administration de la culture.

Les nominations à la tête des grands établissements culturels sont désormais au centre de nombreuses convoitises et monopolisent l'attention médiatique, comme on l'a vu dernièrement pour le Centre Pompidou, pour la Villa Médicis, pour le musée d'Orsay ou pour la Bibliothèque nationale de France. Pour les postes de ce type, une observation majeure s'impose : les choix ont ces dernières années échappé au ministre de la Culture, pour relever *in fine* de l'autorité de Matignon ou, plus sûrement, de l'Élysée. Cela n'est pas anormal en soi, car ces nominations doivent être prises par décret présidentiel. Ce qui est plus inquiétant, voire désastreux pour le ministère de la Culture, c'est que ce dernier ait perdu sa capacité de proposition ou que celle-ci ait parfois donné l'impression de s'exercer à contretemps ou de manière totalement factice. On peut aussi discuter de quelques questions de principe pour ce type de choix : faut-il nommer à la présidence des grands musées des conservateurs ou des historiens de l'art sachant gérer, ou bien des administrateurs éclairés ? Faut-il réunir une commission de sélection ou bien approcher les candidats de manière plus informelle ? Faut-il choisir le titulaire sur son profil ou sur son projet ? Comment s'ouvrir davantage aux professionnels étrangers ? Aussi intéressants qu'ils soient, ces débats paraissent aujourd'hui secondaires au regard de la dérive décrite plus haut, symbole navrant d'une perte d'autorité du ministère de la Culture et de l'effacement d'une certaine conception de la politique culturelle.

Non sans paradoxe, le ministre de la Culture reste en revanche un acteur décisif pour les nominations à la tête de certains établissements ne relevant pas directement de sa responsabilité. Ainsi pour les théâtres : les directeurs des 35 centres dramatiques nationaux sont nommés par le ministre en concertation avec les collectivités locales impliquées et ceux des 70 scènes nationales sont nommés par leur conseil d'administration mais après agrément du ministère de la Culture. Cette prérogative est un instrument utile lorsqu'elle permet à un ministre – en l'occurrence Aurélie Filippetti – de veiller à ce que ces directions ne deviennent pas des rentes de situation, et s'ouvrent davantage aux jeunes et aux femmes. Pour autant, on souhaiterait que l'implication croissante des collectivités locales dans le domaine culturel leur confère progressivement une autorité plus affirmée en matière de nominations dans les structures locales, tandis que le ministre se consacrerait surtout au choix des dirigeants d'établissements de niveau national.

NUMÉRISATION

Le pragmatisme lyonnais

Qui se souvient encore de la polémique survenue en 2009 à propos du projet de numérisation par Google des fonds de la Bibliothèque nationale de France ? À cette époque, l'annonce de négociations avait provoqué des réactions virulentes, notamment de la part de Jean-Noël Jeanneney, qui accusait l'entreprise américaine de visées impérialistes et mercantiles, et avait appelé à une contre-offensive européenne. Venant d'un homme de gauche, historien respecté, ancien ministre et président sortant de la Bibliothèque nationale de France, ces saillies avaient mis sous pression le ministre de la Culture, Frédéric Mitterrand, et le président de la BNF en exercice, Bruno Racine. Le ministre préféra temporiser, et l'accord entre Google et la BNF ne vit finalement jamais le jour.

Quelques années plus tard, on constate que la municipalité socialiste de Lyon a intégralement mis en œuvre son projet de collaboration avec Google pour la numérisation de la totalité des livres anciens de sa bibliothèque municipale, un fonds riche de 500 000 documents, le deuxième par son importance dans notre pays. De son côté, la Bibliothèque nationale de France a conclu depuis 2012 plusieurs accords avec des prestataires privés en vue de la numérisation de ses collections de livres antérieurs à 1700, des fonds sonores et de la presse ancienne, en vue de compléter les programmes de numérisation qu'elle finance sur son budget propre ou à l'aide de subventions spécifiques. Ces dernières initiatives de la BNF ont reçu la bénédiction des gouvernements successifs et n'ont pas soulevé de polémique comparable à celle de 2009. C'est donc que les mentalités ont bien évolué. Il faut s'en féliciter et tirer quelques enseignements pour l'avenir.

Observons tout d'abord le contenu des accords conclus. À Lyon, Google a pris en charge sans contrepartie financière la numérisation et la mise en ligne progressive des ouvrages sur son moteur de recherche, lesquels seront également disponibles sur Numelyo, le site créé par la ville à cet effet. L'accès pour l'internaute aux ressources numérisées est gratuit. L'investissement de Google sur dix ans est estimé à environ 60 millions d'euros, une somme hors d'atteinte des budgets que la deuxième ville de France consacre chaque année à la culture. Pour l'entreprise américaine, l'intérêt réside dans l'élargissement de son offre de titres francophones, et dans l'exclusivité qui lui est donnée, pendant vingt-cinq ans, pour l'exploitation commerciale des fichiers numériques.

Les modalités des accords conclus par la BNF sont différentes, dans la mesure où une partie du coût de la numérisation est prise en charge sur fonds publics. Mais leur philosophie peut se comparer à celle de Lyon : pour les livres anciens, il est ainsi prévu que le partenaire privé, l'entreprise américaine ProQuest, disposera de l'exclusivité de la commercialisation des copies numérisées pendant dix années ; durant cette période, les ressources numérisées ne pourront être consultées gratuitement dans leur totalité que dans les locaux de la BNF ; à l'issue de ces dix années, elles seront accessibles librement sur Gallica, la bibliothèque en ligne de la BNF. L'opération permet de numériser cinq fois plus vite les livres que ne l'aurait fait la Bibliothèque seule, celle-ci finançant moins d'un tiers du coût de l'opération. Les autres partenariats, sur les collections sonores et surtout sur la presse ancienne, prévoient, quant à eux, des conditions d'accès gratuit beaucoup plus libérales pendant la durée des accords.

En définitive, force est de reconnaître le caractère équilibré des accords conclus par les deux bibliothèques avec les prestataires privés, même si on peut toujours en discuter certains aspects (la longue durée de l'exclusivité commerciale dans un cas, l'accès payant aux fichiers pendant dix ans pour les autres bibliothèques, même françaises, dans l'autre).

Un deuxième enseignement réside dans l'articulation entre ces projets et les initiatives prises au plan européen. Soutenue par la France, la Commission européenne avait lancé au milieu des années 2000 le projet de bibliothèque numérique Europeana. Celle-ci repose sur la mise en commun des ressources numériques de centaines d'institutions culturelles européennes, et recense désormais plus de 50 millions d'objets numériques. Cependant, Europeana fonctionne uniquement comme un moteur de recherche, les œuvres étant disponibles à travers des liens vers l'institution les ayant numérisées. Ce projet est très utile, mais sa notoriété est encore faible, et surtout il ne peut en aucun cas se substituer aux actions mises en œuvre par chaque bibliothèque et chaque musée pour numériser les fonds dont il a la garde, ni en alléger le coût. On peut se demander si l'espoir (l'illusion ?) dans lequel le projet Europeana a longtemps entretenu la France n'a pas fait perdre plusieurs années à la BNF, bridée par la pusillanimité ministérielle, dans la mise en œuvre de son plan de numérisation de grande ampleur. La municipalité lyonnaise, plus pragmatique, n'aura compté que sur elle-même et il ne se trouve plus personne pour la critiquer aujourd'hui.

Enfin, au-delà de leur strict objet, les initiatives prises par ces deux établissements sont intéressantes parce qu'elles montrent qu'il peut être judicieux de savoir s'affranchir de certains dogmes. Les œuvres concernées par la numérisation sont tombées dans le domaine public, et l'accès à ces œuvres doit naturellement rester gratuit. Mais lorsqu'il s'agit, à partir de ce domaine public, de créer un nouvel objet, en l'occurrence un fichier numérique, la rémunération de celui qui en supporte les coûts de production est justifiée. Il eût naturellement été préférable que l'État assumât directement cette dépense, plutôt que de passer par un tiers et de lui concéder un droit d'exploitation commerciale. Mais à partir du moment où les ressources budgétaires publiques sont insuffisantes, et à condition que l'avantage octroyé au partenaire privé soit strictement limité dans la durée, la solution imaginée est intelligente, et pourrait même servir d'exemple dans d'autres domaines.

OPÉRA DE PARIS

Le dur métier de directeur

Directeur de l'Opéra de Paris depuis deux ans, Stéphane Lissner y développe une programmation ambitieuse. Sa première saison a commencé avec le choix audacieux, et réussi, de *Moïse et Aaron* d'Arnold Schoenberg, dans une mise en scène de Romeo Castellucci. La saison 2016-2017 est également très prometteuse. Autres innovations intéressantes : la politique en direction des publics, avec une tarification conçue pour attirer de plus jeunes spectateurs, et le lancement de la « Troisième scène » de l'Opéra, un espace numérique de création.

Mais en même temps qu'il posait ainsi les fondements de son mandat, le nouveau directeur a dû affronter coup sur coup plusieurs situations qui illustrent parfaitement la complexité du rôle de patron de grand établissement culturel.

Première affaire en novembre 2015 : la polémique née des travaux sur les cloisons des loges de l'Opéra

Garnier. D'un côté, la direction de l'Opéra de Paris, qui cherche à accroître la capacité et le confort de la salle et à augmenter les recettes de billetterie. De l'autre, les défenseurs de l'histoire et de l'esthétique du théâtre construit par Charles Garnier, qui dénoncent une dénaturation inacceptable, pour un bénéfice financier apparemment dérisoire (300 000 euros par an, soit moins de 0,2 % du budget de l'Opéra). Entre les deux, les services de l'État spécialisés dans la protection des monuments historiques, qui ont autorisé les travaux sous certaines conditions. Les positions sont irréconciliables et seront arbitrées par la justice. Au-delà de la question architecturale, l'affaire révèle aussi la multiplicité des objectifs et des contraintes qui pèsent aujourd'hui sur les épaules des directeurs d'institutions culturelles : dépositaires de la politique artistique, responsables de la politique des publics, certes, mais aussi dans l'obligation de dégager des ressources propres importantes. Accroissement des recettes de billetterie, recherche de mécénat, commercialisation des espaces s'imposent de plus en plus aux directeurs d'établissements culturels pour compenser les réductions des concours de l'État. Ils sont encore loin de connaître la situation de leurs homologues américains, mais la part des ressources propres dans les budgets a sensiblement augmenté, passant d'environ 35 % en moyenne en 2004 pour les plus importants établissements dépendant du ministère de la Culture, à environ 45 % dix ans plus tard. Pris entre des feux opposés (valorisation commerciale des espaces ou protection du patrimoine, accroissement du nombre de visiteurs ou confort de la visite, augmentation des tarifs ou démocratisation culturelle), le directeur de théâtre ou de musée est devenu un équilibriste.

Deuxième événement, au début de l'année 2016 : la démission surprise du directeur de la danse, Benjamin Millepied, quinze mois à peine après sa nomination. Elle révèle une autre complexité, celle du fonctionnement administratif et de la gestion des ressources humaines dans ce type d'établissement. Danseur, chorégraphe, étoile du New York City Ballet, fondateur à Los Angeles de sa propre compagnie, Benjamin Millepied entendait imprimer son style et ses idées à la tête du ballet de l'Opéra de Paris. Mais ce dernier n'est pas une compagnie comme une autre. Composé de 154 danseurs, il s'inscrit dans une institution et dans une histoire particulières. Sa direction réclame des compétences artistiques, dont Benjamin Millepied dispose évidemment, mais elle requiert également un savoir-faire relationnel et une bonne compréhension du fonctionnement administratif qui lui ont fait défaut. Cette dualité est devenue classique et on la retrouve aussi bien dans les grands musées que pour la direction d'orchestres ou de corps de ballet, *a fortiori* dans un contexte français où les personnels de ces établissements, du fait de leur statut ou de leur ancienneté, ont le sentiment qu'ils incarnent la légitimité et la permanence de leur établissement face à des dirigeants qui ne sont que de passage. En nommant à la suite de Benjamin Millepied une artiste issue du ballet de l'Opéra, Aurélie Dupont, qui en connaît donc bien les rouages, Stéphane Lissner a pris la décision qui s'imposait.

Enfin, le printemps 2016 a été désastreux pour l'image et pour les finances de l'Opéra. Les mouvements sociaux ont conduit à l'annulation de nombreux spectacles, une situation irritante pour les spectateurs, décourageante pour les artistes, et fatale pour les recettes de l'établissement (plusieurs millions de pertes, avec un impact probable sur les programmes d'investissement futurs).

Ainsi, en même temps que les grands établissements culturels deviennent plus visibles et plus convoités, le métier de dirigeant devient plus compliqué et plus exposé. Le ministère de la Culture, qui exerce la tutelle sur ces établissements, doit accompagner cette évolution, par le soin qu'il apporte au choix de leurs dirigeants, et en veillant à ce que les écoles dont il a la responsabilité, par exemple l'Institut national du patrimoine qui prépare les conservateurs de musées, intègrent dans leurs programmes des formations à la gestion des ressources, humaines comme financières. Le ministre de la Culture doit aussi, à sa manière, être un super-DRH.

PATRIMOINE

Pour un plan à cinq ans

On considère habituellement que la politique culturelle repose sur trois grands piliers : le patrimoine, la création, et la transmission, ce dernier concept regroupant de manière un peu hétéroclite les enseignements artistiques spécialisés et les actions de démocratisation culturelle. Au sein de la politique en faveur de la création, la plus grosse partie des efforts publics porte sur le spectacle vivant, un secteur politiquement et médiatiquement sensible (surtout pour un gouvernement de gauche), dont les moyens qui lui sont alloués sont en général préservés d'année en année. Au sein de la thématique « transmission », l'éducation artistique fait également l'objet d'une attention particulière, et est devenue depuis une décennie LA priorité affirmée des ministres de la Culture successifs. Si bien que le patrimoine et, plus précisément, les monuments historiques font un peu figure de parent pauvre ou de variable d'ajustement de la politique culturelle au cours des dernières années.

Cette réalité se mesure d'abord à l'aune de l'état général des monuments historiques en France et des moyens financiers qui leur sont attribués par les collectivités publiques. Le dernier rapport sur l'état du patrimoine monumental date de 2007. À cette époque, 41 % des monuments étaient en mauvais état ou en situation de péril, contre 32 % cinq ans plus tôt. Il paraît évident que, presque dix ans plus tard, la situation n'aura fait qu'empirer puisque dans l'intervalle le nombre de monuments protégés a augmenté d'environ 2 000 unités, pour atteindre aujourd'hui environ 44 000, alors que les crédits budgétaires de restauration et d'entretien affectés par l'État ont stagné autour de 300 millions d'euros par an, et qu'un tassement s'est fait plus récemment sentir du côté des collectivités locales. Le retard pris depuis une décennie est donc considérable. On peut en constater l'ampleur partout sur notre territoire et dans nos cités, à commencer par Paris où l'état de certains monuments insignes est un crève-cœur. Cette situation justifiera un effort exceptionnel de rattrapage au cours des prochaines années pour éviter de plonger le patrimoine construit dans une situation de délabrement ou d'abandon indigne de l'histoire et de l'image de notre pays, qui serait également dommageable pour notre tourisme et pour les nombreux emplois induits par le secteur des monuments historiques.

Une deuxième preuve du malaise a été fournie à l'occasion de la présentation par le ministère de la Culture du projet de loi relatif à la liberté de création, à l'architecture et au patrimoine (loi dite LCAP), et de son adoption au début de l'été 2016. Au sein de ce texte-fleuve figuraient initialement des dispositions inquiétantes pour le patrimoine, notamment celle visant à créer un nouveau concept de « cité historique » pour remplacer les dispositifs des secteurs sauvegardés, une notion créée par André Malraux, et des zones de protection du patrimoine architectural, urbain et paysager (ZPPAUP), un instrument inventé par Jack Lang. Dans le cadre du régime initialement envisagé par le ministère de la Culture, le risque d'un affaiblissement de la protection du patrimoine historique au plan local aurait été si fort qu'il a immédiatement suscité une levée de boucliers de la part des associations de défense du patrimoine, mais également, de manière plus extraordinaire, de la part de très nombreux et importants élus de tous bords politiques. Cette mobilisation a été entendue, et les modifications salutaires introduites par le Sénat et confirmées par l'Assemblée nationale ont finalement permis de préserver l'essentiel des dispositifs de protection existants. Mais le fait que le ministère de la Culture ait pu proposer un texte aussi éloigné de sa vocation de défenseur du patrimoine national interpelle, et est un cruel révélateur du déclin de l'intérêt gouvernemental à l'égard de ces sujets ou de la perte d'influence du ministère de la Culture dans le débat interministériel. Le message du ministère à l'égard du patrimoine s'est brouillé.

Il paraît évident que la politique en faveur du patrimoine devra être remise au centre de la politique culturelle, et on espère que les candidats à la prochaine présidentielle sauront s'en emparer. Cela doit passer d'abord par une affirmation politique forte et claire, inscrivant la stratégie et l'effort financier de l'État dans un cadre pluriannuel. C'est à hauteur d'une participation de 400 millions par an pendant les cinq prochaines années que l'État devrait s'engager, montant que les spécialistes considèrent nécessaire pour permettre un entretien correct des monuments historiques. D'autres pistes ont déjà été évoquées plus haut, telles la relance de la politique de décentralisation et l'extension aux monuments historiques du dispositif fiscal bénéficiant aux trésors nationaux. Il conviendra plus généralement de redéfinir les termes du pacte qui doit unir pour la mise en œuvre de cette politique l'État, les collectivités locales et les particuliers, ces derniers étant propriétaires de la moitié des monuments protégés en France.

PEINTURE

Un désamour français ?

J'avais été frappé, en lisant la trilogie que l'historienne Anne Martin-Fugier a consacrée il y a quelques années aux galeristes, aux collectionneurs et aux artistes français de notre temps, par les vifs reproches formulés par certains artistes à l'encontre du dogmatisme anti-peinture des institutions et des critiques français. Ainsi François Rouan, affirmant que « la caractéristique de l'élégance française qu'est le postduchampisme est le mépris de la peinture, un mépris terrible », ou Claude Viallat énonçant que « dans les années 1980, le conceptuel a pris le pouvoir [...], on n'enseignait quasiment plus la peinture ni le dessin, la photographie et la vidéo avaient tout remplacé ».

Les institutions françaises auraient donc tourné le dos à cette forme classique qu'est la peinture, pour privilégier des modes d'expression plus conceptuels, et des supports comme la photo, la vidéo, l'installation. Ce discours, on le retrouve aussi régulièrement dans la bouche de collectionneurs et de galeristes français. Est-il fondé ou relève-t-il de l'exagération voire du fantasme ? La réponse est plus complexe qu'il y paraît, et on se bornera ici à essayer d'apporter quelques données utiles au débat.

Tout d'abord, une évidence. Les techniques, les modes de production, les sources d'inspiration et les formes d'expression des artistes ont considérablement évolué depuis une trentaine d'années. L'apparition et l'affirmation de nouveaux médiums comme la vidéo, les réalités virtuelles, l'Internet, l'utilisation des sources documentaires, l'emprunt à d'autres disciplines (danse, théâtre, mais aussi sciences, archéologie, ethnologie, etc.), la position de l'artiste comme performeur ou narrateur, sont autant de mutations qui, à côté de la peinture et de son propre métissage avec d'autres techniques (voir par exemple le travail de l'artiste américain Wade Guyton), ont contribué à transformer et à morceler la représentation artistique contemporaine. Cette multiplication des supports et la postérité conceptuelle de Marcel Duchamp sont des phénomènes internationaux auxquels la France participe comme les autres centres de création.

Cela étant posé, il semble clair que les institutions françaises n'ont pas privilégié les peintres au cours des dernières décennies. Certes, Pierre Soulages, Martial Raysse, Marc Desgrandchamps, Gérard Fromanger ont été montrés au Centre Pompidou au cours des années récentes ; Yan Pei-Ming l'a été au Louvre, et Jean-Michel Alberola encore récemment au Palais de Tokyo. Mais parmi les dix derniers artistes choisis pour le pavillon français de la Biennale de Venise, aucun n'est un peintre, à l'exception de Fabrice Hyber, dont ce n'est pas la seule pratique. De même, parmi les cent premiers artistes classés par le *Kunst Kompass* en fonction de leur visibilité dans les expositions ou les musées internationaux en 2015, on trouve quatre Français (Christian Boltanski, Daniel Buren, Pierre Huygue et Sophie Calle), à qui on peut ajouter Camille Henrot et Dominique Gonzalez-Foerster qui figurent dans un classement annexe, et Anri Sala, artiste albanais qui représenta la France à la Biennale de Venise en 2013 : aucun de ces sept créateurs n'utilise la peinture ou la sculpture comme technique principale de son expression artistique. Le même classement fait apparaître 29 artistes allemands, dont 10 peintres et 3 sculpteurs, 26 américains (dont 5 peintres et 2 sculpteurs) et 12 britanniques (dont 3 peintres et 2 sculpteurs).

Vient alors la question la plus importante, et la plus délicate : cette désaffection de nos institutions pour la peinture provient-elle d'un prétendu héritage postduchampien, de la primauté du discours sur le « faire pictural », du déni de la peinture comme médium contemporain, ou bien est-ce tout simplement parce que la France produit peu de peintres et que le choix offert aux institutions n'est pas aussi large qu'on pourrait le penser ou l'espérer ? En d'autres termes, nos institutions sont-elles responsables ou sont-elles tributaires d'un certain effacement de la peinture en France ? On remarquera à ce sujet que la désaffection française pour la peinture n'est pas l'apanage des seules institutions : parmi les quinze derniers lauréats du prix Marcel-Duchamp, qui est un prix de collectionneurs, Carole Benzaken est la seule peintre du lot, avec, dans une certaine mesure, Philippe Mayaux.

En réalité, chaque pays a son histoire et son organisation, et ce contexte influe sur les artistes, en façonnant leur imaginaire ou en inspirant leur créativité.

Si des artistes aussi puissants que Gerhard Richter, Anselm Kiefer, Georg Baselitz, Markus Lüpertz, A. R. Penck, Neo Rauch, Albert Oehlen recourent de façon principale ou essentielle à la peinture ou à la sculpture, c'est, comme cela a été magistralement expliqué par l'historien de l'art Werner Spies, parce que s'imposa après guerre en Allemagne un « impératif iconographique », une nécessité absolue de se confronter à l'histoire par des formes de représentation que servaient parfaitement ces supports. Ni les États-Unis ni les autres pays européens n'ont été traversés par la même urgence.

Deux particularités françaises doivent en revanche être relevées et peuvent fournir une partie de l'explication : l'hypercentralisation et le poids relatif des institutions. Malgré les efforts accomplis depuis trente ans dans le sens de la décentralisation, le rôle des grandes institutions parisiennes reste essentiel dans la reconnaissance des artistes français au plan national et international. Là où on aurait pu espérer que les instances régionales – FRAC, centres d'art et musées territoriaux – jouent au plan local un rôle de catalyseurs en participant à la détection et à la première présentation de nouveaux artistes et en favorisant une plus grande diversité des formes d'expression, rien de tel n'a été constaté. C'est toujours vers Paris et ses institutions (Centre Pompidou, Musée d'art moderne, Palais de Tokyo, Centre national des arts plastiques) que tout converge, et c'est de là que s'impose au reste du territoire une forme dominante – sans doute peu favorable aux peintres. Là encore, la différence avec l'Allemagne, pays décentralisé, et les États-Unis et le Royaume-Uni, où le primat de l'institution le cède aux collectionneurs et au marché, est manifeste, et fournit un bon sujet de réflexion pour les années à venir… et une piste plus fructueuse que celle consistant à accuser Marcel Duchamp d'avoir annihilé la peinture en France.

PHILHARMONIE

Des attentes à combler

La Philharmonie de la Villette, grande salle de 2 400 places dans le nord-est de Paris inaugurée en janvier 2015, était-elle la bonne réponse aux questions posées à la politique de soutien à la musique en France ? On se remémore les principales critiques qui s'élevèrent lors de l'annonce du projet : la capitale comptait déjà de nombreux espaces de concert, de Pleyel à l'auditorium de Radio France en passant par le théâtre des Champs-Élysées, même s'il est vrai qu'aucun n'était pleinement satisfaisant ; et les coûts de construction (385 millions d'euros) et de fonctionnement (une trentaine de millions par an, dont la moitié financée par l'État et la municipalité parisienne) de la nouvelle salle n'allaient certainement pas faciliter la situation de nombreux orchestres classiques, ensembles musicaux, opéras et conservatoires déjà menacés par les réductions des subventions publiques, à Paris et ailleurs sur le territoire.

Mais le nouvel équipement est désormais bien là, et la première année de fonctionnement de l'ensemble qu'elle forme désormais avec les équipements plus anciens de la Cité de la Musique s'est soldée par un bilan positif : plus d'un million de visiteurs, dont la moitié a assisté à des concerts et un tiers visité le musée de la Musique ou l'une des expositions temporaires. 150 000 personnes ont participé à une activité éducative, notamment des enfants et des adolescents qui pour la plupart ont eu une pratique instrumentale collective au sein de la Philharmonie.

Il faudra cependant attendre quelque temps pour porter un jugement plus définitif sur le succès de la Philharmonie, la première année de fonctionnement ne pouvant être tenue pour complètement significative. Au regard des doutes et des critiques qui ont escorté le nouvel équipement, il faudra aussi déterminer les critères selon lesquels on appréciera ce succès. Trois paraissent s'imposer.

Le premier, sans doute le plus décisif, a trait au renouvellement et à la diversification des publics. Selon une étude menée entre 2012 et 2014, la moitié du public des concerts de musique classique en France avait plus de 61 ans, traduction d'un vieillissement commencé dans les années 1980 et qui semble s'être accéléré au cours des dernières années. La même étude soulevait d'autres sujets d'inquiétude : le déclin de la transmission familiale (on voit de moins en moins d'enfants et d'adolescents dans les salles), la faible mixité sociale (près de 75 % des auditeurs sont au moins titulaires d'un bac + 3) et la difficulté à fidéliser les nouveaux publics. Depuis son ouverture, la Philharmonie a su attirer un public plus jeune, parmi lequel les habitants de la proche banlieue, les provinciaux et les étrangers sont proportionnellement deux fois plus nombreux qu'à l'époque de la salle Pleyel. L'effet de nouveauté, la diversité de la programmation et une politique tarifaire attractive expliquent ces résultats encourageants. Le défi pour la direction de l'établissement sera de les consolider dans la durée.

Un deuxième critère tient à l'image d'exigence et d'excellence qui se dégagera de la Philharmonie, tant au plan national qu'à l'étranger. D'ores et déjà, son acoustique est reconnue par les plus grands chefs comme l'une des meilleures du monde. L'innovation et la création musicales devront également tenir leur place dans la programmation : l'existence à côté du nouvel auditorium de deux salles de plus petite dimension devrait faciliter cette ambition. On scrutera aussi avec attention les bénéfices que l'Orchestre de Paris tirera de sa résidence à la Philharmonie. Les magazines spécialisés s'amusent périodiquement à réunir des jurys de critiques musicaux afin d'établir le classement des meilleurs orchestres au monde.

L'exercice est forcément partial et un peu vain. Mais notre orgueil national dût-il en souffrir, ces palmarès ne font jamais apparaître de formations françaises parmi les 10 ou même les 20 meilleures, alors qu'y figurent généralement les noms de l'Orchestre philharmonique de Berlin, de l'orchestre du Concertgebouw d'Amsterdam, de l'Orchestre philharmonique de Vienne, et d'orchestres américains ou anglais. L'absence d'une grande salle de concert à Paris était traditionnellement avancée comme l'une des explications de cette situation. On espère donc que son installation à la Philharmonie aidera l'Orchestre de Paris, déjà reconnu comme une très bonne formation, à se hisser progressivement vers le plus haut niveau mondial.

Enfin, le succès de la Philharmonie résidera dans la générosité dont saura faire preuve le nouvel établissement dans sa programmation, dans son offre éducative, dans sa politique tarifaire. L'ambition de participer au développement d'orchestres d'enfants dans les quartiers défavorisés partout en France a été annoncée par Laurent Bayle, directeur général de la Philharmonie de Paris. Elle doit également devenir une tête de réseau et nouer des relations étroites avec le tissu des institutions et des structures qui interviennent dans le domaine musical, notamment les formations musicales à Paris et en région et les conservatoires. La Philharmonie devra ainsi devenir une sorte de « centrale de la décentralisation », selon le mot autrefois employé par le ministre Michel Guy au sujet du Centre Pompidou – un autre établissement parisien vivement critiqué au moment de son ouverture.

QUARTIERS

Combattre l'apartheid culturel

En politique, il est toujours bon de nommer les choses, de dire la réalité plutôt que de l'escamoter. C'est pourquoi le Premier ministre a eu raison de parler l'an dernier de l'« apartheid territorial, social, ethnique » qui frappe les quartiers sensibles de nos villes. À ces paroles ont fait écho celles, tout aussi fortes, de l'artiste Kader Attia, prononcées après les attentats de novembre 2015, qui stigmatisaient la ségrégation géographique, la fracture des savoirs, les risques de manipulation et d'embrigadement des esprits les plus vulnérables au sein de ces quartiers, et appelaient à de profonds changements sociétaux.

Plusieurs politiques publiques doivent être mobilisées pour combattre ces inégalités et ces dangers, au premier rang desquelles figurent la politique du logement, l'accès à l'emploi, l'éducation, mais aussi la culture.

Le ministère de la Culture donne l'impression d'avoir mesuré ces enjeux. Il a pris à cet effet plusieurs initiatives intéressantes. Une convention triennale a été signée en 2014 avec le ministère chargé de la Ville, dans le but d'inscrire durablement les politiques de démocratisation culturelle dans le champ de la politique de la ville. Sur le terrain, cette ambition se décline dans les « contrats de ville » signés entre l'État et les collectivités territoriales, qui contiennent un volet culturel visant à mobiliser les établissements culturels subventionnés, à favoriser la présence d'artistes dans les quartiers prioritaires, à orienter prioritairement vers les écoles de ces quartiers les actions d'éducation artistique et culturelle, etc., 1 500 quartiers sont potentiellement concernés par cette démarche. L'an dernier, le ministère de la Culture a créé un fonds de soutien aux médias de proximité, principalement destiné à soutenir les associations locales qui, dans les quartiers, produisent de l'information journalistique *via* des journaux, des Web radios ou des Web TV. Dans sa communication, le ministère de la Culture met également en avant quelques initiatives remarquables : ainsi le projet Démos, coordonné depuis 2009 par la Cité de la Musique, dont le but est d'amener à la pratique musicale en orchestre les jeunes des quartiers n'ayant pas accès aux écoles spécialisées. Ce projet, qui reçoit des financements publics et privés, touche aujourd'hui plus de 1 000 enfants, en Île-de-France, en Rhône-Alpes et en Picardie, et devrait en concerner 3 000 d'ici deux ans.

La volonté d'agir est donc bien réelle, et l'effort devra être poursuivi, car c'est à moyen et à long terme qu'une telle politique peut porter ses fruits.

Mais, pour réussir, il faudra aussi corriger ou améliorer plusieurs paramètres essentiels, qui relèvent à la fois de la mobilisation des relais de terrain, de l'organisation de l'action du ministère, et du contenu même de la politique mise en œuvre.

Dans les quartiers, l'un des problèmes principaux réside dans l'affaiblissement des relais de terrain. De même qu'on ne change pas une société par décret, on ne pourra infléchir le cours des choses dans les quartiers les plus difficiles par la seule magie des discours politiques ou par la simple promesse de crédits supplémentaires. La présence d'acteurs de terrain proches des populations, capables d'être les opérateurs des actions culturelles ou de jouer un rôle de relais vers des établissements extérieurs à ces quartiers, est une dimension fondamentale. Or le tissu des associations actives dans ces quartiers a été fragilisé au cours de la dernière décennie du fait du désengagement budgétaire des collectivités publiques. De nombreux quartiers sont devenus des déserts culturels, en raison de la disparition ou de l'affaiblissement des associations qui participaient à leur animation. C'est vers la reconstitution ou le renforcement progressif de ces structures de proximité que l'effort collectif devrait porter en tout premier lieu.

Au sein du ministère de la Culture, l'une des difficultés traditionnelles réside dans l'organisation administrative. Historiquement, le ministère a été structuré autour de politiques sectorielles (patrimoine, spectacle, arts plastiques, etc.), et non autour des politiques transversales comme la politique des publics ou l'action internationale. En d'autres termes, lorsque le ministre annonce faire de l'action dans les quartiers de la politique de la ville une de ses priorités, il dispose certes d'un service et d'un département spécialisés pour l'aider à la mettre en œuvre, mais ceux-ci ont avant tout un rôle d'impulsion et d'animation, et doivent pour le développement des actions concrètes compter sur les moyens mobilisés par les établissements sous tutelle du ministère ou sur les directions régionales des affaires culturelles. Dès lors, l'implication personnelle du ministre et celle de son cabinet sont essentielles. Ils doivent notamment veiller à ce que les établissements publics nationaux, grands musées, Opéra, monuments nationaux, écoles spécialisées, ainsi que les nombreuses structures culturelles labellisées sur le territoire, fassent aussi de la politique en direction des publics des quartiers une de leurs priorités absolues… ce qui est loin d'être gagné dans un contexte général de réduction des subventions versées à ces établissements et de contraction des marges artistiques.

Enfin, il est un domaine encore plus sensible dans lequel la réflexion de fond doit accompagner la décision politique : celui du choix du contenu des actions qui doivent être menées sur le terrain, notamment en direction des jeunes. Au sein de cette cause nationale qu'est devenue la reconquête des quartiers perdus de la République, on ne peut qu'être d'accord sur le rôle essentiel que peut jouer la culture pour porter des valeurs de citoyenneté et de cohésion, et pour lutter contre les inégalités et l'exclusion sociales. Encore faut-il être certain que le contenu des actions menées ne soit pas rejeté, voire ne contribue pas à exclure davantage en donnant de la culture une image trop éloignée des pratiques et des loisirs privilégiés par les jeunes. Plusieurs évidences viennent alors à l'esprit : il faut intensifier les actions dès les classes du primaire, développer les pratiques artistiques et culturelles des jeunes plutôt que délivrer un savoir (une mission qui doit être plutôt assignée à l'enseignement obligatoire de l'histoire de l'art), miser sur les ressources offertes par le numérique pour favoriser les projets collaboratifs ou interactifs…

Les actions en direction des quartiers sensibles méritent une attention particulière. Car c'est à travers des sujets de ce type que la politique culturelle trouve tout son sens et qu'elle sortira des ornières dans lesquelles l'épuisement de son projet originel et de ses moyens menace, depuis quelques années, de la plonger.

RADIO

Redéfinir les rôles

La radio est écoutée chaque jour par plus de 80 % des Français, pendant une durée quotidienne moyenne de près de 3 heures. Outil d'information, de divertissement et de culture, elle jouit historiquement d'une image positive de média de proximité, familier et chaleureux. Son succès n'a pas faibli au cours des dernières années, notamment grâce à une des caractéristiques propres à ce média, qui peut être écouté en parallèle d'une autre activité, et du fait de la diversification de ses supports : le téléphone mobile représente aujourd'hui plus de 5 % des volumes d'écoute et la consommation de rattrapage sur Internet se développe de manière rapide. Pour autant, comme tous les médias traditionnels, la radio souffre d'un transfert croissant des budgets publicitaires vers les supports numériques, en particulier Google.

Les pouvoirs publics jouent un rôle essentiel dans ce secteur. Ils en sont d'abord le régulateur, dans le cadre d'une responsabilité partagée entre le ministère de la

Culture et de la Communication et l'autorité indépendante qu'est le Conseil supérieur de l'audiovisuel. Ils en sont aussi un acteur direct *via* les radios publiques, notamment Radio France.

L'intervention régulatrice de l'État est pleinement justifiée car la radio est l'un des terrains privilégiés d'expression et de défense de l'exception culturelle : l'octroi de l'usage gratuit de fréquences hertziennes trouve ainsi sa contrepartie dans les engagements de programmation des chaînes, en termes de pluralisme, de diversité et de qualité. Les radios sont de ce fait soumises à des obligations de diffusion d'une certaine proportion de chansons d'expression française : 40 % au minimum, dont la moitié au moins provenant de nouveaux talents ou de nouvelles productions – avec des modulations pour les radios spécialisées. Les radios réclament un assouplissement de ces quotas fixés il y a plus de vingt ans : elles soulignent que les modes de consommation musicale ont considérablement évolué ces dernières années, notamment du fait de l'essor de l'écoute en ligne *via* le streaming ou sur les sites de vidéos comme YouTube, qui ne sont pas astreints aux mêmes règles que les radios. De leur côté, les producteurs et les interprètes restent très attachés aux quotas, et accusent les diffuseurs de contourner leurs obligations en diffusant en boucle sur les ondes les mêmes titres les plus populaires. Ce débat résume bien les tensions qui pèsent sur l'exception culturelle dans un univers bouleversé par la mondialisation et le numérique. Au printemps 2016, le gouvernement et le Parlement ont tenté de trouver une solution d'équilibre, en assouplissant la règle des quotas pour les radios qui proposent une plus grande diversité de titres, et en la durcissant pour les autres. Il reviendra au Conseil supérieur de l'audiovisuel de veiller à la mise en œuvre et au respect par les radios de ces nouvelles modalités, plus complexes encore que les précédentes.

Si le partage des rôles avec le CSA est ainsi relativement clair quand ce dernier intervient en aval du gouvernement ou du législateur, dans une fonction de pure régulation, il est en revanche plus ambigu, voire contre-productif, dans le domaine si sensible de l'exercice de la tutelle sur les entreprises publiques de l'audiovisuel, comme l'a montré la gestion chaotique de la crise traversée par Radio France au cours du printemps 2015.

Radio France occupe une place majeure dans le paysage radiophonique français : son budget, qui provient essentiellement de la contribution à l'audiovisuel public (l'ancienne redevance audiovisuelle), représente presque autant que le chiffre d'affaires cumulé de l'ensemble des radios privées. Cette présence massive de l'État a permis le développement d'un groupe public diversifié et apprécié des auditeurs, dont l'audience cumulée de ses sept antennes totalise près de 25 % et dont la singularité à l'égard de l'offre des radios privées n'est contestée par personne – à la différence de ce qu'on observe pour la télévision.

Mais la longue grève de 2015 a montré que ce colosse avait des pieds d'argile. La Maison ronde y est apparue lestée par une gouvernance incohérente, où le Conseil supérieur de l'audiovisuel, qui nomme et peut seul révoquer le président de Radio France, et le ministère de la Culture, qui négocie avec ce dernier les objectifs assignés et les moyens versés à la société, ont continuellement donné l'impression de se renvoyer la balle. Les demi-mesures prises après la crise, cocktail constitué de mesures d'économies, d'une rallonge budgétaire de l'État et d'un assouplissement des possibilités de publicités sur les antennes, sur fond de restauration du dialogue social, laissent en suspens les questions de fond sur la modernisation de Radio France.

Pour l'avenir, il faudra donc à nouveau s'interroger sur le partage des rôles entre le gouvernement et le CSA en matière de gouvernance des opérateurs publics de l'audiovisuel. Qui doit nommer les dirigeants ? Selon quel processus ? Comment éviter de soumettre la société publique à une double tutelle ? Est-il sain que la même autorité soit chargée de nommer un dirigeant et de réguler un secteur dont cette entreprise représente 50 % du chiffre d'affaires ?

Les réponses sont loin d'être évidentes, mais une chose est certaine : si réformer est un art difficile en soi, réformer dans un domaine aussi exposé et sensible que l'audiovisuel public l'est encore davantage. Cet art nécessite en interne vision et doigté, et de la part de l'État une unité d'expression et un soutien sans faille.

RAYONNEMENT

Un statut à reconquérir

Chacun a encore en tête la provocante couverture de *Time* en décembre 2007 annonçant « La mort de la culture française ». L'auteur de l'article, le journaliste américain Don Morrison, y décrivait le déclin de la création artistique française et affirmait que les réalisations françaises en matière d'arts plastiques, de littérature et de cinéma s'exportaient beaucoup moins bien que par le passé.

Le débat qui suivit, auquel se mêlèrent plusieurs intellectuels français, fut des plus intéressants. Beaucoup contestèrent la thèse de *Time*, rétorquant que ce déclassement ne touchait pas la France en particulier, mais les pays occidentaux en général, soulignant que la principale unité de mesure retenue par Morrison, le marché, n'était pas la plus pertinente pour juger de l'influence artistique d'une nation.

Mais personne ne contesta vraiment certains faits : la difficulté de la littérature et du cinéma français contemporains à traiter de thèmes universels ; l'incapacité à trouver dans la diversité de la société française le ferment d'un renouvellement artistique ; l'ambivalence des dispositifs de soutien publics, à la fois garants d'un niveau de production et de diffusion remarquable, mais peu favorables à la prise de risque ou au brassage des talents.

Depuis lors, deux prix Nobel de littérature, un oscar du meilleur film, plusieurs palmes d'or à Cannes, un lion d'argent à la biennale d'art de Venise, un Turner Prize, un prix Pritzker, ont distingué des auteurs, des cinéastes, des plasticiennes et un architecte français. Mais, fondamentalement, les questions soulevées par *Time* restent d'actualité. Est-il possible d'y remédier par l'action publique ? Ou bien faut-il se résoudre à constater, avec Antoine Compagnon, que « ce ne sont ni les écoles ni les subventions à la française qui feront naître le prochain Picasso ou le prochain Proust » ?

Je pense pour ma part que les décideurs publics ont un rôle à jouer pour favoriser le rayonnement de la création française au plan international. Trois types d'initiative peuvent, parmi d'autres, y contribuer.

Tout d'abord il faut se rappeler que la promotion de la création française à l'étranger commence sur notre propre territoire. Les prescripteurs et les publics étrangers se tourneront d'autant plus volontiers vers des artistes français que ceux-ci sont montrés et défendus en France. Cela est particulièrement vrai dans le domaine des arts plastiques, où nos institutions ont souvent tendance à s'emparer des artistes français une fois qu'ils ont atteint la notoriété internationale, plutôt que de les aider à acquérir cette reconnaissance en prenant l'initiative de les exposer en premier. La notion de « milieu de carrière », si importante dans les pays anglo-saxons, n'est pas prise en compte de la même manière en France. Le problème n'est pas nouveau : je me souviens, à l'époque où j'étais au Centre Pompidou, à la fin des années 1990, des discussions sur la difficulté à exposer les artistes français de 40 à 50 ans, faute de lieu approprié, ou parce que cela n'entrait pas dans les priorités de la programmation.

Un deuxième axe doit viser à l'amélioration des outils de promotion de la création française à l'international. Dans ce domaine, le rôle de leader incombe traditionnellement au ministère des Affaires étrangères, qui s'appuie notamment sur un vaste réseau à travers le monde, composé des instituts et des centres culturels français, et des alliances françaises. Le ministère de la Culture dispose de moyens plus modestes, son vecteur le plus efficace résidant sans doute dans les projets et la visibilité à l'étranger de ses grands établissements. Il a en outre la tutelle sur France Médias Monde, la holding des chaînes de télévision et radio françaises et francophones diffusant à l'étranger (France 24, RFI, TV5). Pour promouvoir leurs exportations, la musique et le cinéma disposent eux d'entités autonomes. Faut-il déplorer ce morcellement ? Une personnalité bien informée comme Catherine Tasca prônait naguère la création d'un secrétariat d'État chargé de l'Action culturelle, de l'Audiovisuel extérieur et de la Francophonie. À tout le moins est-on en droit d'espérer un meilleur partage d'informations et une meilleure coopération au sein des ministères et entre eux. Un autre sujet de réflexion concerne le ciblage des actions : le Quai d'Orsay soutient chaque année quelque 50 000 manifestations artistiques dans 150 pays, soit environ cinq fois plus que le Goethe Institut et vingt fois plus que le British Council. Une double optimisation (organisation, sélectivité des actions) semble d'autant plus indispensable que les ressources budgétaires dévolues à l'action extérieure de la France sont en érosion constante depuis plusieurs années.

Enfin, si nous voulons aider nos créateurs à mieux s'imposer dans le monde, la France devra sortir de la relation ambiguë qu'elle a toujours nourrie à l'égard de la mondialisation, et qui la conduit souvent à protéger son pré carré plutôt qu'à affronter le grand large – où elle disposerait pourtant de magnifiques atouts. Cela fut vrai longtemps des ventes aux enchères d'œuvres d'art, protégées de la concurrence internationale jusqu'en 2001, avec la conséquence que New York et Londres supplantèrent alors Paris. Dans le domaine de l'architecture, ce sont les contraintes liées à leur capital qui brident le développement des agences françaises à l'étranger, où elles entrent en compétition avec des rivaux anglo-saxons à l'assise financière beaucoup plus large. La question de la langue fournit une autre illustration : la protection de l'usage du français dans les productions artistiques nationales est légitime, mais elle ne doit pas se transformer en handicap. Il faut de ce point de vue saluer la décision du gouvernement de ne pas priver de crédit d'impôt les films français tournés en langue étrangère, notamment en anglais – un passage obligé pour conquérir le monde. Il faudra plus généralement encourager nos artistes à voyager, à quitter le relatif confort qu'ils trouvent en France dans le cadre des circuits institutionnels.

SPECTACLE VIVANT

Pour une nouvelle donne

Le secteur du spectacle vivant a été servi pendant près de cinquante ans par une ambition politique exceptionnelle, qui a permis le développement dans notre pays d'un réseau remarquable d'équipements, dotés d'équipes artistiques et techniques de grande qualité, pleinement soutenus par l'État et par les collectivités locales.

Mais ce modèle s'est progressivement essoufflé. À tel point que s'il est un domaine aujourd'hui où le ministère de la Culture doit de toute urgence envisager une nouvelle donne, c'est bien celui du spectacle vivant.

Commençons par les acteurs. Les structures du spectacle vivant, théâtres, centres chorégraphiques, ensembles musicaux, sont rongées par un mal profond : l'érosion de leurs marges artistiques. Le déclin des subventions publiques et l'accroissement régulier des charges fixes réduisent chaque année la part que ces structures peuvent consacrer aux projets artistiques. Cette tendance n'est pas nouvelle, mais elle s'est accentuée au cours de la dernière décennie. Elle frappe aujourd'hui toutes les structures, quelle que soit leur taille, quel que soit leur statut.

Remédier à ce problème lancinant est vital pour l'avenir du spectacle vivant en France. Cela réclamera un grand volontarisme, tant il est clair que la réduction des frais fixes est un exercice difficile dans des structures où l'essentiel des charges relève des salaires et où le poids et la rigidité de certains syndicats sont autant de freins à une gestion dynamique des ressources humaines. Il est cependant de nombreux exemples de directeurs qui ont su maîtriser la gestion de leur lieu sans sacrifier la qualité de la programmation artistique, notamment en contenant les coûts techniques de réalisation des spectacles, en optimisant les dépenses administratives, et en développant les recettes de billetterie (encore très faibles dans un grand nombre de structures).

Pour mieux amortir les coûts de production, il serait également indispensable de rechercher une meilleure diffusion des spectacles produits. Plusieurs rapports d'experts l'ont souligné depuis longtemps : si la France est l'un des pays où l'on crée le plus de nouveaux spectacles chaque année, le nombre moyen de représentations de ces spectacles tant au sein de la structure qui a initié leur production que dans le cadre de tournées reste en revanche relativement faible. Ce déséquilibre entre production surabondante et diffusion insuffisante a aussi des conséquences défavorables sur l'emploi artistique et sur l'élargissement et la diversification des publics. Poser sereinement mais fermement les termes de ce débat devrait être l'une des priorités de l'État.

Ce n'est pas la seule, tant il est nécessaire que le ministère de la Culture revisite complètement sa politique dans le domaine du spectacle vivant. Ciblage des interventions, responsabilisation des institutions, soutien des initiatives exemplaires, sont quelques-uns des axes possibles de cette refondation.

L'effort budgétaire de l'État en faveur du spectacle vivant est loin d'être négligeable (environ 700 millions d'euros par an, sans compter le soutien à l'emploi *via* le régime de l'intermittence), et il a été paradoxalement l'un des mieux préservés au cours des années récentes. Mais il souffre d'une rigidité quasi totale (la remise en question d'une subvention à une structure ou à une compagnie d'une année sur l'autre étant très périlleuse) et d'une très forte dispersion : le ministère subventionne aujourd'hui plus de 2 200 structures partout sur le territoire, pour des montants s'élevant souvent à quelques milliers d'euros par an. Cette situation est le fruit de l'histoire. Dans le seul domaine du théâtre, on compte ainsi 39 centres dramatiques nationaux, 70 scènes nationales, 107 scènes conventionnées. Tous sont aidés pour partie par l'État, pour partie par les collectivités locales, selon des clés de répartition variables. Or ni l'articulation des efforts budgétaires respectifs ni les objectifs de production et de diffusion ne font l'objet d'une réelle concertation entre les différents échelons publics. Une concertation associant l'État et les collectivités locales, qui pourrait être conduite au niveau de chaque région, est une nécessité. Ses résultats pourraient être la remise à plat des labels existants, un meilleur partage des rôles entre l'État et les collectivités territoriales, et l'invention d'un nouveau mode de relations avec les structures aidées. Dans ce dernier domaine, le nouveau système de régulation devrait favoriser une plus grande responsabilisation des établissements subventionnés, les pouvoirs publics devant avant tout se consacrer à la qualité des nominations effectuées à la tête des structures, à la fixation des cahiers des charges, et à l'évaluation des résultats obtenus (une autre des faiblesses du système français, régulièrement pointée par les rapports d'experts).

Le ministère de la Culture pourrait alors exercer plus efficacement son rôle d'orientation stratégique dans le domaine du spectacle vivant, en conditionnant une partie de ses aides au soutien de structures ou de projets exemplaires : provoquer l'émergence de nouveaux talents et les innovations artistiques, encourager la recherche de modes originaux d'interaction avec le public ainsi que le décloisonnement entre les disciplines, récompenser les coproductions entre institutions publiques et entre structures publiques et structures privées, favoriser les tournées dans des territoires particulièrement isolés de l'offre culturelle, soutenir les actions de sensibilisation des jeunes au spectacle vivant dans les zones urbaines sensibles, promouvoir les coopérations culturelles internationales.

Retrouver des marges de manœuvre artistiques pour les uns, retrouver des marges de manœuvre politiques pour les autres : telle est aujourd'hui en France l'équation du spectacle vivant.

TÉLÉVISION

Renforcer les liens entre diffuseurs et producteurs

Le secteur de la télévision connaît depuis une dizaine d'années des mutations considérables. Le nombre de chaînes disponibles a été multiplié depuis l'introduction de la télévision numérique terrestre (TNT), et les modes d'accès aux programmes audiovisuels se sont diversifiés, notamment *via* la télévision de rattrapage et la consultation des programmes sur ordinateurs et smartphones. Surtout, de nouveaux acteurs ont surgi, venus d'autres galaxies, le monde numérique et les télécommunications, mais qui évoluent désormais dans le même univers que les opérateurs historiques de la télévision, créant des chaînes ou des plateformes de vidéos à la demande, achetant des programmes, passant des accords avec les producteurs de contenus. Au cours de la période récente, on a ainsi vu Altice, la holding de Patrick Drahi, diversifier son champ d'action des télécommunications vers les médias, et Netflix élargir son champ de diffusion à l'Europe. Et, comme un symbole,

Woody Allen développe désormais des projets pour Amazon, qui vient de lancer sa propre plateforme de vidéo en ligne.

Les conséquences de ces transformations sont tout aussi considérables. Les nouveaux entrants sont des mastodontes qui captent un nombre croissant d'abonnés et d'annonceurs. Ils bénéficient de surcroît d'une grande liberté d'action, en n'étant pas astreints aux règles qui régissent le fonctionnement du secteur audiovisuel français.

Historiquement, nos chaînes de télévision sont en effet soumises à des obligations de diffusion de quotas d'œuvres européennes et françaises, et à des obligations d'investissement dans la production audiovisuelle, notamment celle issue de producteurs indépendants. Ces dispositifs étaient complétés par une réglementation qui donnait les droits d'exploitation des programmes audiovisuels aux producteurs et non aux chaînes, alors que ces dernières étaient pourtant les principaux financeurs de ces programmes. Ce système, construit il y a plus de vingt ans, était alors parfaitement adapté. Il a assuré la vitalité et une certaine prospérité du secteur de la production audiovisuelle indépendante, sans nuire à l'équilibre des chaînes qui trouvaient ainsi à alimenter leurs grilles en fictions et documentaires de qualité.

Le fait que les plateformes Internet, considérées en droit européen comme de simples hébergeurs et non comme des éditeurs de programmes, ne soient pas assujetties à des obligations de même nature change radicalement la donne. Les grandes entreprises de notre paysage audiovisuel, TF1, France Télévisions, M6, Canal+, se trouvent exposées à une forte pression. Hier géants à l'échelle nationale, ces groupes sont aujourd'hui confrontés au risque d'être irrémédiablement dépassés sur un marché qui a changé d'échelle pour devenir mondial. Par effet de domino, la fragilisation des chaînes entraînerait aussi celle de la production audiovisuelle française, puisque les obligations de financement sont proportionnelles à leur chiffre d'affaires.

Un objectif majeur du gouvernement français est de convaincre ses partenaires européens qu'une évolution des règles communautaires est indispensable, pour permettre de rendre obligatoire la participation des plateformes internationales au financement de la création. Y parvenir demandera cependant un engagement politique au plus haut niveau, et prendra sans doute du temps car la Commission européenne, notamment, ne montre pas beaucoup d'entrain.

En attendant, il est donc vital de donner davantage d'air aux chaînes de télévision. L'an dernier, un premier pas important a été franchi : les chaînes sont désormais autorisées à détenir jusqu'à 50 % des droits pour les œuvres audiovisuelles dont elles financent l'essentiel des dépenses de production. Cette évolution logique peut leur donner l'espoir de mieux valoriser dans la durée les œuvres qu'elles financent, et les inciter à réfléchir d'emblée aux perspectives de diffusion internationale, sans déposséder les producteurs de leur rôle d'initiateurs et de porteurs des projets. Il semble également essentiel que les pouvoirs publics encouragent les diffuseurs à investir dans les sociétés de production, afin de consolider un secteur par trop morcelé et manquant cruellement de fonds propres. Les producteurs indépendants y sont encore réticents, craignant de perdre la maîtrise de leur destin.

En 2015, une affaire a révélé la fragilité et l'absurdité de la situation : en acquérant Newen, première entreprise de production audiovisuelle indépendante, TF1 s'est privée *de facto* des programmes issus de cette entreprise (pour éviter de leur faire perdre leur statut d'œuvres indépendantes et pour préserver leur comptabilisation dans les fameux quotas), tout en provoquant la colère de France Télévisions qui tolérait mal que son premier fournisseur en œuvres indépendantes soit désormais contrôlé par son principal concurrent… Kafka n'était pas loin.

La tension est retombée depuis, TF1 s'étant engagée à ne pas interférer dans les relations contractuelles entre Newen et France Télévisions, tandis que France Télévisions obtenait de devenir coproducteur de *Plus belle la vie*, produite par Newen, afin de ne pas prendre le risque de voir cette série emblématique partir vers un autre diffuseur.

Les accords conclus fin 2015 et début 2016 par France Télévisions et par TF1 avec l'ensemble des producteurs suggèrent que les acteurs français ont pris la mesure de la situation, décidés à œuvrer de concert pour que les œuvres audiovisuelles, notamment de fiction, soient mieux financées, exposées et valorisées.

Les défis issus de la mondialisation et de l'évolution des usages provoquée par la révolution Internet ne sont certes pas propres au secteur audiovisuel. Ils touchent les autres industries culturelles – édition, presse, musique, cinéma, jeux vidéo et aussi le marché de l'art. Mais ils ont dans l'audiovisuel une résonance toute particulière, car aucun autre secteur n'est aussi subtilement réglementé, et aucun ne touche, comme la télévision, 98 % des Français à raison de 3 h 50 par jour en moyenne !

UNION EUROPÉENNE

Surmonter l'échec

La culture est absente du traité de Rome de 1957, soit parce qu'elle fut alors tenue comme un aspect subalterne de la construction européenne, soit parce qu'elle fut considérée comme trop indissociablement liée aux identités nationales et devant rester l'apanage de chaque pays. L'Union européenne n'est cependant pas restée inactive dans le domaine culturel, notamment en adoptant des directives pour protéger la production et la diffusion d'œuvres audiovisuelles européennes ou en promouvant le programme des capitales européennes de la culture. Mais la faiblesse relative des moyens mobilisés (moins de 0,2 % du budget de l'Union européenne) ainsi que la complexité des processus de décision et de mise en œuvre des projets font que dans la réalité la politique culturelle de l'Union européenne a conservé la dimension qu'elle revêtait à l'origine : subsidiaire.

Pour la France, il y a même plus grave : ses conceptions en matière de politique culturelle ont été régulièrement défiées par les institutions européennes, notamment par la Commission. À l'occasion des négociations commerciales avec les États-Unis, lors de discussions sur le droit d'auteur, dans l'approche de la fiscalité des produits culturels et dans celle de la régulation des géants américains de l'Internet, l'exception culturelle à la française s'est souvent trouvée en butte à une autre vision, celle d'un grand marché européen dérégulé où les produits, fussent-ils culturels, doivent circuler sans entrave. L'intervention de responsables politiques français au plus haut niveau a alors été indispensable pour faire entendre la différence de traitement que les sujets culturels méritent.

Ces blocages ne signifient pas qu'il faut faire une croix sur une ambition culturelle partagée en Europe. Ils suggèrent seulement que la France doit faire preuve de pragmatisme, et choisir les voies et moyens les plus appropriés pour parvenir à ses fins.

Il est d'abord très probable que le budget de l'Union européenne en matière culturelle ne sera pas accru dans les années qui viennent, en tout cas pas suffisamment pour qu'on puisse imaginer le lancement de projets communs structurants dans ce domaine. D'une certaine manière, cela est une chance : l'Europe à 27 ou à 28 est devenue un ensemble tellement hétérogène, d'un maniement institutionnel et administratif tellement complexe, que ce sont d'autres types d'actions qu'il faut favoriser. Il est à cet égard frappant que le plus bel exemple de coopération entre pays européens, la chaîne franco-allemande Arte, provienne d'une initiative prise directement par deux États, et non dans le cadre ou sous l'égide communautaire. De même, les itinérances d'expositions entre musées, les coproductions dans le domaine du cinéma, les coproductions entre grands opéras, toutes initiatives qui proviennent directement d'institutions culturelles, parfois avec la bénédiction ou le soutien financier des collectivités publiques nationales, mais généralement sans aucune intervention de l'Union européenne, sont des voies efficaces pour accroître la diffusion des projets culturels, pour développer les publics, et pour optimiser les moyens mis en œuvre à l'échelle des pays européens concernés. Le ministère de la Culture devrait encourager ce type de collaborations. C'est déjà le cas dans le domaine du cinéma, à travers le soutien du CNC aux coproductions binationales entre la France et l'Allemagne, entre la France et l'Italie, entre la France et le Portugal, etc. À une époque où les crédits d'acquisition se réduisent, on pourrait de la même manière imaginer que le ministère de la Culture « récompense » les projets d'achat ou de coproduction d'œuvres d'art par plusieurs musées européens. Ce type de solidarité a été exploré avec succès par le Centre Pompidou en 2012, pour l'achat conjoint avec deux autres musées, dont la Tate de Londres, de l'œuvre *The Clock* de Christian Marclay.

Si la réalisation de projets culturels partagés entre plusieurs pays en Europe semble ainsi devoir se passer des institutions communautaires, il est en revanche une autre priorité qui ne peut en faire l'économie : elle concerne la défense et la promotion des industries culturelles européennes, dans le cadre d'une politique de concurrence et de règles fiscales équitables, qui ne désavantagent pas nos entreprises face à leurs compétiteurs, notamment américains ou asiatiques. On sait par exemple à quel point la TVA qui frappe les œuvres importées est un handicap pour la compétitivité des marchés de l'art en Europe, et il est dommage que les gouvernements des pays concernés, notamment le Royaume-Uni et la France, n'aient pas uni leurs efforts pour mettre à bas cette disposition absurde, qui relève de la compétence de l'Union européenne et exige l'unanimité des voix des États membres pour être modifiée. Plus inquiétantes encore sont les facilités aujourd'hui offertes aux multinationales américaines, notamment celles du numérique, d'optimiser leur stratégie fiscale en Europe, sans considération de leur activité réelle pays par pays. Pour faire porter sa voix dans ces domaines, la France doit forger des partenariats avec d'autres États. Elle doit aussi veiller à placer des hauts fonctionnaires de nationalité française aux postes clés de l'administration bruxelloise (actuellement, on ne compte par exemple aucun Français dans l'équipe de direction de la puissante Direction générale des réseaux de communication, du contenu et des technologies). Et, de leur côté, les professionnels des secteurs concernés doivent mieux coordonner leurs actions de lobbying, un domaine où des progrès ont été accomplis, mais où beaucoup peut encore être fait : à titre d'illustration, il n'existe pas en France d'organisation comparable à l'efficace British Art Market Federation pour défendre les intérêts communs des professionnels du marché de l'art.

VILLE DE PARIS

Droits et devoirs d'une capitale

À l'occasion du dernier Congrès des maires de France, Bruno Julliard, premier adjoint à la maire de Paris, notamment en charge de la culture et du patrimoine, a interpellé le président de la République, l'invitant à « assumer une ambition nationale en matière de politique culturelle », et à mettre un terme à la baisse des dotations de l'État aux collectivités territoriales.

Il est indéniable que le recul des concours de l'État depuis quelques années place ces dernières, notamment les communes, dans une position délicate, les contraignant à des arbitrages difficiles, souvent au détriment des actions dans le domaine culturel. Cependant, la situation de la Ville de Paris mérite en la matière une attention particulière, et il faut apporter quelques nuances aux virulents propos du premier adjoint.

Rappelons tout d'abord que la concentration d'établissements culturels relevant de l'État est, dans notre capitale, tout à fait remarquable : quatre des cinq théâtres nationaux sont parisiens, comme la Bibliothèque nationale de France, et comme la plupart des musées nationaux et des plus prestigieuses écoles d'art. L'Opéra de Paris a longtemps été le seul à être « national » et la subvention annuelle que lui verse l'État excède de très loin le total de celles qu'il attribue aux autres opéras disposant désormais du même label. Cette hypercentralisation trouve ses racines dans l'histoire politique et l'organisation administrative de la France. Elle n'est pas propre au secteur artistique et culturel. Et dans ce secteur, elle ne concerne pas seulement les établissements publics, puisque la plupart des grandes fondations privées (Cartier, Louis Vuitton...) et bientôt la collection Pinault, sont également basées dans la capitale.

Depuis quelques décennies, les interventions des collectivités locales, souvent accompagnées ou encouragées par l'État, ont permis un certain rééquilibrage géographique. L'État a aussi pris l'initiative d'implanter des établissements nationaux, ou leurs antennes, en dehors de Paris : MuCEM à Marseille, Centre Pompidou à Metz, Louvre à Lens. Mais un quart des ressources annuelles du ministère, soit au minimum 900 millions d'euros, bénéficie encore à des établissements nationaux situés à Paris. Ces sommes sont près de trois fois supérieures au budget annuel de la Ville dans le domaine de la culture et du patrimoine.

Pour la Ville de Paris, cette situation présente de grands avantages. Les Parisiens bénéficient d'une abondance d'offre en matière artistique et culturelle, dont la majeure partie est financée par l'ensemble des contribuables français. Les spectacles de l'Odéon, les concerts de la Maison de la Radio, les expositions du Centre Pompidou sont plus facilement accessibles pour le résident de la capitale qu'ils ne le sont pour celui de Nice ou de Brest. Le budget de la Ville en matière culturelle est *de facto* moins sollicité qu'ailleurs. Rapportées au nombre d'habitants, les dépenses municipales pour la culture sont ainsi plus faibles à Paris que dans la plupart des autres grandes cités françaises : moins de 140 euros à Paris, contre plus de 200 euros à Lille et Lyon, et plus de 300 euros à Bordeaux.

Cette centralité parisienne a une autre conséquence. La politique culturelle conduite par la municipalité est forcément plus diffuse, moins lisible, que dans toute autre ville. Là où les maires de Lyon, Nantes, Lille, Bordeaux, sont les principaux promoteurs du dynamisme culturel de leur ville, et peuvent décliner leur ambition en quelques axes aisément perceptibles, leur homologue parisien doit compter avec la dynamique et les événements propres à la politique culturelle nationale, et d'une certaine manière avec la concurrence du ministre de la Culture lui-même.

Dans ce contexte particulier, la politique culturelle municipale a enregistré depuis une dizaine d'années plusieurs réussites notables. Des nouveaux lieux ont trouvé leur place, notamment le Centquatre, le Carreau du Temple ou la Gaîté lyrique. La programmation décalée et vivifiante de Jean-Luc Choplin a donné au Châtelet une nouvelle impulsion. Malgré la baisse de ses moyens de fonctionnement et d'acquisition, le Musée d'art moderne, sous la direction de Fabrice Hergott, a conservé l'aura que lui avait donnée son prédécesseur, Suzanne Pagé. Le musée Galliera a réussi sa réouverture après plusieurs années de travaux. D'autres exemples pourraient être cités.

Mais à côté de ces coups d'éclat, on relève aussi de grandes déceptions. Comment ne pas constater ainsi l'état préoccupant du patrimoine parisien, principalement les églises, résultat d'une érosion continue des crédits affectés à son entretien et à sa restauration ? Comment ne pas déplorer des choix architecturaux contestables, par exemple la réfection sans âme de la place de la République, et la banalité de la nouvelle canopée des Halles ? Ou encore être surpris par une planification qui va faire que le Châtelet et le Théâtre de la Ville entreront en travaux pratiquement en même temps, privant simultanément le public parisien des deux principales salles de spectacle vivant municipales ?

De même, dans le domaine si essentiel des enseignements spécialisés, l'objectif louable de développer une plus grande mixité sociale dans les conservatoires municipaux s'est traduit par une communication maladroite, et, surtout, n'a pas été accompagné de la réflexion et des moyens qui permettraient, sans dégrader la qualité des formations offertes, d'élargir l'offre en direction des publics défavorisés.

En conclusion, Bruno Julliard a bien raison d'exhorter l'État à assumer une ambition nationale au plan culturel. Mais il semble légitime de lui rappeler que la municipalité parisienne, qui bénéficie d'avantages uniques, a quant à elle le devoir de participer de manière éclatante à la réalisation de cette ambition.

WEB

La nouvelle frontière

En 1997, un ménage français sur cinq disposait d'un ordinateur, et la proportion d'internautes dans la population française était inférieure à 1 %.

Moins de vingt ans plus tard, 80 % des ménages français ont accès à l'Internet haut débit. La moitié des Français regarde, écoute, joue en ligne ou télécharge des films, de la musique, des images ou des jeux. Un tiers de ces internautes écoute la radio en ligne, la moitié lit la presse en ligne, et un sur quatre réalise des achats de biens culturels *via* Internet, notamment des livres et des magazines, mais aussi des billets de spectacle et de la musique.

Les possibilités de stockage des programmes et leur consultation possible en situation de mobilité diversifient également les modalités de consommation culturelle. L'essor des réseaux sociaux transforme et démultiplie les modes de prescription des événements culturels. Surtout, le rapport aux formes classiques de la culture (la lecture d'un livre ou d'un journal, les sorties culturelles) a considérablement évolué : les clivages traditionnels entre le texte, l'image et la musique s'effacent face à la dimension multimédia de l'Internet, favorisant des pratiques différentes et de nouveaux canaux de création et de production.

Pour la politique culturelle, ces mutations portent des enjeux considérables.

Le Web peut et doit d'abord devenir un outil essentiel au service de la démocratisation culturelle.

Cette ambition ne sera réalisable qu'à la double condition que la qualité des contenus en ligne proposés par les acteurs culturels et audiovisuels publics soit à la hauteur, et que se mette en place une véritable politique d'éducation à l'image. Des efforts significatifs ont été accomplis en ce sens au cours des dernières années. De nombreux sites permettent de préparer ou de poursuivre la visite d'un musée ou d'un monument, offrent des possibilités de recherche en ligne (par exemple le site Gallica de la Bibliothèque nationale de France, ou le moteur de recherche du Centre national du cinéma, qui permet de trouver sur quel site voir un film en streaming ou en téléchargement légal), voire offrent une programmation spécifiquement conçue pour Internet. Plusieurs projets privés de qualité ont également vu le jour.

Mais dans l'ensemble, la culture numérique inégale des établissements publics, couplée à la difficulté de dégager des moyens budgétaires additionnels, n'a pas encore permis à cette ambition de se concrétiser de manière optimale. Et on peut se demander si l'organisation administrative du ministère de la Culture et de la Communication, héritage d'une époque où le Web n'existait pas, ne devrait pas mieux refléter la place d'Internet dans les pratiques culturelles, de manière à donner une tournure plus volontariste à la politique ministérielle en la matière.

Le deuxième domaine où les pouvoirs publics sont mis à l'épreuve par la révolution numérique est celui des industries culturelles.

Face aux risques de piratage des contenus, synonymes de destruction de valeur, notamment pour les créateurs et les industriels de la musique et du cinéma, l'action du gouvernement s'est d'abord illustrée par la mise en place en 2009 de la fameuse Hadopi, la Haute Autorité pour la diffusion des œuvres et la protection des droits sur Internet. L'histoire tourmentée de cet organisme, un temps promis au démantèlement, aujourd'hui à nouveau défendu par le gouvernement, est révélatrice de l'inconfort politique suscité par sa logique principalement défensive, voire répressive. Il est devenu indispensable de dépasser ce type de débats, en concentrant l'action politique autour de quelques priorités.

La principale de ces priorités doit être, plus que jamais, de favoriser le développement sur le Web d'une offre culturelle payante de qualité. Dans le domaine de la musique, le recours aux services de streaming payants de plateformes telles que Deezer, Spotify, Qobuz, mais aussi Apple Music, concerne aujourd'hui plus de 3 millions de personnes en France. Il se développe *via* la souscription directe par l'internaute d'un abonnement à une de ces plateformes ou par l'inclusion de ce service dans le cadre d'un abonnement téléphonique. Selon les spécialistes du secteur, si la France atteint d'ici quelques années le niveau des pays les plus avancés en la matière, comme la Suède, alors le secteur de la musique retrouvera dans notre pays des chiffres de vente comparables à ceux d'avant la crise du disque, permettant de rémunérer correctement les différents segments de la chaîne de production. Cet objectif ne paraît plus inaccessible.

Faire entendre la voix de la France au niveau européen est un autre impératif. Dans les domaines de la musique, de l'audiovisuel, de l'édition, de la presse, les entreprises européennes sont soumises à la concurrence des géants américains de l'Internet. L'établissement de règles du jeu équitables n'est possible qu'au niveau communautaire, et la France n'y parviendra qu'à la condition de nouer des solidarités avec quelques autres grands pays concernés par les mêmes problématiques.

Se pose enfin la question de la taille critique des entreprises culturelles face à l'élargissement des marchés et à la mutation des pratiques générés par le numérique. De multiples exemples l'ont montré – l'un des plus éclatants étant la prise de contrôle de Darty par la FNAC, indispensable pour permettre à cette dernière de faire face à des géants comme Amazon. À un moindre niveau, et dans un autre domaine, les ventes d'art en ligne, l'entreprise allemande Auctionata a fusionné au printemps 2016 avec l'américaine Paddle8. La France se flatte souvent d'avoir gardé une politique industrielle active. À l'ère numérique, le domaine des industries culturelles ne doit pas être négligé par les pouvoirs publics. Dans un secteur où évoluent principalement des entreprises de petite ou moyenne taille, les objectifs doivent être de favoriser le renforcement de leurs fonds propres et de créer un contexte propice aux rapprochements entre entreprises françaises ou avec des entreprises européennes. Le ministère de la Culture doit être le catalyseur de cette prise de conscience.

POSTFACE

Vingt propositions pour un nouvel élan

La politique culturelle est à un tournant. Ses fondements demeurent solidement établis. Ils prennent racine dans une histoire ancienne. Personne ne conteste la nécessité d'une intervention publique dans ce domaine, l'exception culturelle comme principe fondamental a encore de beaux jours devant elle. Mais chacun mesure également la nécessité absolue de redonner de l'élan à cette politique, de rénover ses concepts, d'engager une nouvelle donne sur le plan de ses moyens et de son organisation.

Les principales propositions formulées au fil de cet ouvrage, au nombre d'une vingtaine, peuvent être regroupées autour de quelques grands axes.

Le premier concerne la redéfinition des objectifs prioritaires. À force d'empiler les initiatives de court terme et de favoriser la communication de l'instant, la politique culturelle a perdu sa capacité à faire des choix et à se doter de priorités clairement affirmées vers lesquelles faire converger ses actions et ses moyens. Il faut rompre avec cette dérive selon laquelle tout étant devenu prioritaire, rien ne l'est plus réellement. Pour cela, il faut commencer par replacer les artistes au cœur des préoccupations du ministère, alors que son organisation les en a éloignés, et faire évoluer les modes de soutien dont ils bénéficient ; doter le patrimoine de moyens adaptés, alors que l'état général de nos monuments historiques est devenu préoccupant ; redonner à la création française une présence et une visibilité internationales plus fortes, à travers une nouvelle organisation de la politique culturelle extérieure et un meilleur ciblage de nos interventions. Il faut également accompagner les concepts de démocratisation culturelle et d'éducation artistique d'une traduction concrète, par exemple grâce à l'enseignement de l'histoire de l'art à l'école et une action plus vigoureuse en direction des publics les plus défavorisés.

Le deuxième axe a trait à la modernisation des structures : la décentralisation de certaines prérogatives vers les collectivités locales, dont l'implication dans la culture n'a cessé de croître ces dernières années, ainsi qu'une plus grande liberté consentie aux grands établissements culturels doivent permettre au ministère de la Culture d'alléger son organisation et de se recentrer sur les actions d'intérêt national et sur un rôle d'orientation stratégique. Cette transformation concerne notamment les domaines du spectacle vivant et du patrimoine. Dans le même temps, le mouvement entamé il y a une quinzaine d'années, qui vise à associer davantage le secteur privé, devrait être accentué, *via* une amélioration des dispositions relatives au mécénat et une plus grande considération portée aux collectionneurs privés.

L'accompagnement de nos entreprises culturelles dans le contexte de la mondialisation et d'Internet constitue un troisième axe. Il embrasse des secteurs aussi variés que l'édition, la musique, le cinéma et l'audiovisuel, voire le marché de l'art. Cet impératif suggère naturellement que la France fasse entendre sa voix dans les instances internationales et à Bruxelles, où se prennent aujourd'hui les décisions en matière de fiscalité et de concurrence. Il suppose également qu'elle se donne les moyens d'une véritable politique industrielle dans le domaine culturel, et qu'elle rénove les modes de régulation du secteur audiovisuel.

Enfin, **cet essai est aussi un plaidoyer en faveur de la réaffirmation du rôle central du ministre de la Culture.** Le poste est l'un des plus exaltants mais aussi des plus difficiles qui soient. De son titulaire, il réclame passion, conviction, vision. Il exige aussi que lui soit donné du temps pour mettre en œuvre sa politique et un soutien véritable de la part du président de la République.

Faisons le vœu que les échéances électorales à venir permettront de renouer avec ces dimensions indispensables.

Remerciements

À Philippe Régnier et à l'équipe du *Quotidien de l'art*, ainsi qu'à Martin Ajdari, Bernard Blistène, Éric de Chassey, Nicolas Droin, Frédéric Druot, Bernard Gotlieb, Guillaume Husson, Odile Jacob, Patrice Januel, Maryline Laplace, Marjorie Lecointre, Olivier Meyer, Bernard de Montferrand, Jérôme de Noirmont, Pierre Oudart, Alfred Pacquement, Florence Philbert, Franck Prazan, Ariane Salmet, Pierre Storrer, Georges-Philippe Vallois, Bernard Zürcher, pour leurs apports, commentaires ou encouragements.

La plupart des textes qui forment cet ouvrage ont été initialement publiés dans *Le Quotidien de l'art* entre septembre 2015 et juin 2016. Ils ont été complétés et actualisés pour les besoins du présent ouvrage.

Table

Cet ouvrage a été composé
en Adobe Garamond Pro
par Nord Compo
à Villeneuve-d'Ascq (Nord).

Achevé d'imprimer en septembre 2016 sur rotative numérique Prosper
par Soregraph à Nanterre (Hauts-de-Seine).

Dépôt légal : octobre 2016
N° d'édition : 7381-3469-X
N° d'impression : 15411

L'imprimerie Soregraph est titulaire de la marque
Imprim'vert® depuis 2004.

Imprimé en France